LA
CHANSON POPULAIRE,

PAR

J. B. WECKERLIN,

BIBLIOTHÉCAIRE DU CONSERVATOIRE DE MUSIQUE.

PARIS,
LIBRAIRIE DE FIRMIN-DIDOT ET Cie,
IMPRIMEURS DE L'INSTITUT, RUE JACOB, 56.
1886.

LA
CHANSON POPULAIRE.

TYPOGRAPHIE FIRMIN-DIDOT. — MESNIL (EURE).

LA
CHANSON POPULAIRE,

PAR

J. B. WECKERLIN,

BIBLIOTHÉCAIRE DU CONSERVATOIRE DE MUSIQUE.

PARIS,
LIBRAIRIE DE FIRMIN-DIDOT ET Cie,
IMPRIMEURS DE L'INSTITUT, RUE JACOB, 56.
1886.

A MONSIEUR

ALBERT KAEMPFEN,

DIRECTEUR DES BEAUX-ARTS.

PRÉFACE.

Arrivés à l'âge mûr où nos illusions commencent à s'évanouir, nous passons volontiers en revue nos souvenirs d'enfance. Eh bien, que retrouvons-nous d'abord dans notre mémoire, si ce n'est quelques bribes de vieilles chansons, avec lesquelles nous ont bercé nos mères, nos grand'mères, ou quelque vieille tante ou quelque nourrice? C'est à ces chants lointains que s'est éveillée notre jeune intelligence, et l'impression a été si forte, qu'après quarante ou cinquante ans ces refrains nous reviennent encore dans toute leur fraîcheur, dans toute leur naïveté.

En France ce n'est guère que depuis 1835 qu'on s'est occupé sérieusement de recueillir nos chansons populaires. M. de la Villemarqué publia ses *Chants populaires bretons* en 1839; le succès fut constaté par une suite d'éditions. Les *Chants et Chansons populaires de la France*, recueillis par Du Mersan, parurent en 1843, ils furent également accueillis avec une grande faveur.

Ces sortes de publications, qui se multiplièrent depuis, reçurent un appel direct du ministère de l'Instruction publique en 1852, et c'est plus particulièrement depuis cette date qu'un grand nombre de recueils, de monographies de la chanson populaire dans telle ou telle province de la France ont été mis au jour.

Le docteur O.-L.-B. Wolff, dans sa préface des *Anciennes chansons populaires françaises* (1), émet cette singulière opinion : « Nul peuple n'est aussi riche en chansons que les Français, nul n'est aussi pauvre en chansons populaires. Cela tient à leur caractère : pourvu qu'ils chantent, ils sont satisfaits, ce qu'ils chantent leur est indifférent, pourvu que cela les intéresse (ô naïveté allemande !), et cet intérêt est purement éphémère. » Voilà comment ce savant nous jugeait en 1830; s'il vivait encore, il rabattrait sans doute considérablement sur ce qu'il avait avancé. Convenons d'ailleurs, qu'à cette époque M. Wolff n'avait à sa disposition que la réédition des vaudevires de Basselin, par L. Dubois, 1821, dont il a fait un ample usage, quelques chansons de la Suisse française, comme *les Armaillis,* et puis les chansons de *la Tulipe* et de *la Ramée!*

Ce n'est pas avec un bagage pareil qu'on porte un jugement sur un pays.

Forkel, qui savait tant de choses touchant la musique, n'a guère apprécié l'importance de la chanson populaire dans l'histoire de la musique. Il n'en est pas de même des historiens allemands plus récents, ou nos contemporains, comme Kiesewetter, Winterfeld, Marx, etc. Ambros (2) désigne la chanson populaire comme l'une des puissances musicales, marchant de pair avec le chant grégorien, comme importance; on en jugera, à ce point de vue, dans le chapitre de la *chanson musicale.*

Les historiens, depuis Tacite jusqu'à nos jours, con-

---

(1) *Altfranzösische Volkslieder,* Leipzig, 1831, in-12.
(2) Ambros, *Geschichte der Musik,* Breslau, 1862-1882, 5 volumes.

viennent que tous les peuples, y compris ceux de l'antiquité, avaient leurs chansons populaires, dont le degré de perfection suivait nécessairement celui de leur civilisation; pourquoi donc alors Fétis se donne-t-il tant de mal pour nous apprendre dans son *Résumé philosophique* (1), page 175, que les anciens manuscrits fournissent des preuves irrécusables de l'existence aux neuvième et dixième siècles d'un chant mesuré, rythmé et *vraisemblablement populaire,* puis page 178 : « dès 850 et probablement auparavant il existait une musique mesurée et rythmée à l'usage du peuple. » Personne n'a jamais douté de cela.

Ce qui trompe bien plutôt les lecteurs qui s'enquièrent de la chanson, c'est sa synonymie avec le mot poème à une certaine époque : *la Chanson des Saxons, la Chanson d'Alexandrie, la Chanson de Roland,* etc., qui sont des récits épiques, et non des chansons dans l'acception que nous donnons aujourd'hui à ce mot. Les troubadours n'ont jamais eu l'idée de chanter ces longs poèmes, qui dépassent quelquefois dix mille vers.

Les troubadours se trouvant sous notre plume, nous en profitons pour dire que leur répertoire aristocratique n'ayant rien de commun avec la chanson du peuple, nous n'avons pas à en parler. On n'a qu'à examiner les œuvres de Thibaut de Champagne ou de Charles d'Orléans, l'un des derniers représentants de cette pléiade poétique, dont les œuvres, plus rapprochées de nous, sont plus compréhensibles, et l'on verra bien qu'aucune de

---

(1) *Résumé philosophique de l'histoire de la musique,* formant le premier volume de la *Biographie des musiciens,* édition de 1835.

leurs chansons n'a passé dans le répertoire populaire, que ces deux littératures étaient scindées, aussi différentes l'une de l'autre que l'étaient les deux grandes classes de la population française, l'aristocratie et le peuple.

Les anciennes chansons, manuscrites ou imprimées, ont généralement l'indication du *timbre* (air) sur lequel elles ont été composées, parfois il y a même plusieurs *timbres* au choix, ce qui déroute le chercheur, car ces thèmes indiqués n'ont pas toujours la même mesure rythmique ou la même coupe de vers.

Il y a encore une autre difficulté pour retrouver un ancien air, c'est que cet air ou mélodie originale, après avoir vécu pendant des années avec un texte primitif, de nouvelles paroles écrites sur ce même air, et ayant eu le bonheur de plaire, viennent rompre cette ancienne liaison : les nouvelles paroles remplacent les anciennes qui disparaissent complètement. L'air ayant survécu est désigné par le premier vers du texte nouveau, qui devient son *timbre*.

En admettant le cas de la complète disparition des paroles originales (et ce cas n'est pas rare), il nous reste naturellement un certain nombre d'anciens airs dont nous ne savons plus l'origine, et nous la savons d'autant moins que cet air, voyageant à travers les siècles sur des poésies différentes, a subi lui-même des altérations, des rajeunissements.

La plupart des airs populaires du quinzième siècle et même d'une partie du seizième sont perdus pour nous, parce que les musiciens qui pouvaient les noter, ne s'en donnaient pas la peine, les dédaignaient même, et ne regardaient comme de la musique que leurs élucubrations sur le contrepoint et sur le plain-chant. Dufay, qui vivait au quinzième siècle, est l'un des plus anciens musiciens qui aient utilisé les chansons du peuple, dans des harmonisations à quatre voix; on prit goût à ce genre de musique, et les compositeurs s'y livrèrent avec ardeur.

Cette grande mode du seizième siècle d'harmoniser à quatre voix les chansons populaires, nous a conservé un certain nombre d'anciennes chansons, quoique rarement complètes : l'*harmoniseur* n'en prenait que ce qui lui convenait pour ses contre-points ou ses imitations. Au dix-septième siècle les musiciens laissent dormir la chanson populaire, qui d'ailleurs n'a pas besoin d'eux pour courir les rues durant la Fronde et autres événements marquants.

On a donné bien des définitions de la chanson populaire, voici celle de M. Franz Böhme (1) : « C'est une chanson née dans le peuple, chantée par lui, souvent et volontiers, qui s'est répandue et conservée par son organe, grâce à la simplicité de la forme, et dont le sujet souverainement humain, emprunté au domaine religieux ou profane, est facile à comprendre. »

Mais une question bien plus grave, c'est celle de la naissance de ces sortes de chansons. Voici la façon de voir du même auteur : « La création d'un sujet quelconque, fût-ce une simple chanson, provient toujours d'une individualité, d'un seul, nature douée et supérieure

---

(1) *Altdeutsches Liederbuch*, etc. (Les anciennes chansons populaires allemandes, par Franz M. Böhme; Leipzig, 1877, gros in-8° avec les airs notés)

à la masse. En ce qui touche le vrai poète populaire, il tient au peuple par ses mœurs, par son éducation : il ne chante et ne dit que ce qui plaît à la foule, et ce qu'elle saisit facilement. Ce qui ne lui plaît pas, un chanteur ne le redira pas, le sujet péchant par sa base. Mais s'il trouve heureusement le ton, la forme et les sentiments dans lesquels la masse reconnaît sa propre existence, alors mille cœurs battront à l'unisson et rediront ses chansons. Si dans l'une ou l'autre de ces chansons il y a une expression, une tournure de phrase, une image, qui ne soit pas heureusement choisie ou qui ne se comprenne point par tous, alors le peuple la change lui-même et se l'approprie.

« C'est de cette façon que le peuple collabore à ses chansons, en les mettant au point, ce qui contribue nécessairement à leur donner ce caractère particulier que l'individualité atteint rarement à elle seule. Pour les airs populaires il en est de même que pour les textes : ce sont des produits d'un seul, d'une nature assez douée, suffisamment éduquée pour donner à la matière première une forme convenue et convenable, plus ou moins artistique.

« Le poète populaire ne compose jamais ses paroles sans l'air, soit qu'il invente un air nouveau, soit qu'il se serve d'une mélodie déjà existante, ou de fragments de mélodies connues. »

On voit que M. Böhme se rallie à l'opinion émise par M. Tappert en 1868, que le peuple ne compose, ne crée rien, mais qu'il attrape par-ci par-là des bribes de phrases d'un vrai compositeur. Toute la différence entre ces deux auteurs, c'est que M. Böhme croit au compositeur doué par la nature, qui, sans avoir reçu une éducation musicale, compose ses paroles et ses airs au milieu du peuple dont il est sorti lui-même, tandis que M. Tappert attribue cela à un vrai compositeur, à un musicien.

M. Böhme pourrait bien avoir raison.

Afin de présenter au lecteur une bibliographie chansonnière un peu complète, nous donnerons d'abord la table entière du rarissime volume de Petrucci, *Harmonice musices Odhecaton*, Venise, 1501 à 1503.

Ce sont des chansons populaires françaises (presque toutes), harmonisées à trois et à quatre voix par les phénix de la musique qui ont vécu au quinzième siècle (1). Le livre de Petrucci, malgré sa rareté et la beauté de son impression, a cependant deux graves défauts : 1° il ne donne comme texte des chansons que le premier vers et encore...; 2° l'air populaire se trouve rarement transcrit et utilisé en entier, conformément à la détestable habitude des compositeurs de ce temps-là.

Le thème original est généralement à la partie de ténor, mais il y a beaucoup d'exceptions, et le plus souvent les voix entrent chacune avec ce thème principal. Des silences, parfois très prolongés, viennent rompre la suite d'une phrase mélodique, et quand la voix rentre, on ne sait pas toujours si c'est la continuation du thème interrompu, ou un fragment mélodique de l'invention du compositeur. A quoi il faut ajouter cette habitude fréquente d'interrompre un chant dans une partie, et d'en continuer la suite dans une autre partie, des valeurs

---

(1) Cette table a déjà été publiée dans notre *Catalogue du Conservatoire* (Réserve) Firmin-Didot, 1885.

prolongées, diminuées, syncopées, à ne plus reconnaître le thème, enfin des chansons d'un rythme binaire, mises en rythme ternaire et *vice versa*.

TABLE

DES CHANSONS ET MOTETS QUI SE TROUVENT DANS L'HARMONICE MUSICES ODHECATON, PUBLIÉ PAR PETRUCCI.

MORCEAUX A QUATRE VOIX.

A

Acordes moy ce que je pense................	Anonyme.
Adieu mes amours.........................	Josquin.
A la audienche............................	Hayne.
Alba columba.............................	Infantis.
A l'heure que je vous p. x. (canon : ad nonam canitur bassus hic tempore lapso).............	Josquin.
Alons ferons barbe........................	Compere.
Amor fait moult tant que nostre argent dure (le ténor chante : *Il est de bonne heure*).............	Anonyme.
Amours, amours...........................	Hayne.
Amours, amours, amours...................	Japart.
Amours me trotent sur la pance.............	Lourdoys (1).
Amours n'est pas..........................	Anonyme.
A qui dir' elle sa pensee (2)................	Anonyme.
Avant à moy. (Fuga in diatessaron superius)......	Anonyme.
Avant, avant (In subdiatessaron)............	Anonyme.
Ave Maria...............................	De Orto (Des Jardins).
Ave regina cœlorum......................	Obrecht.
A vous je vieng...........................	Anonyme.
Aymy, Aymy.............................	Anonyme.

B

Basies moy (3)............................	Josquin.

---

(1) Non cité par Fétis.
(2) *Recueil de chansons du quinzième siècle*; G. Paris.
(3) Man. de Bayeux.

PRÉFACE.

Beati pacifici (à l'exception du *superius*, les trois autres voix chantent : *De tous biens playne*)........	C. de Stappen.
Bergerette savoyene (1)......................	Josquin.
Berzeretta savoiena..........................	Anonyme.
Bon temps...................................	Anonyme.
Brunette.....................................	J. Sthokem.

C

Cela sans plus ne sufi pas.....................	Anonyme.
Cela sans plus (in missa)....................	Obrecht.
Cela sans plus...............................	J. de Lannon.
Ce n'est pas.................................	J. de la Rue.
Cent mille escus............................	Anonyme.
C'est mal charché...........................	Agricola.
C'est ung mauves mal.......................	Anonyme.
Ceulx qui font la gore (Le ténor et la basse chantent : *Ils sont bien pellés*)......................	Anonyme.
Chascun me crie.............................	Anonyme.
Comme femme des confortee.................	Anonyme.
Comment peult haver joye..................	Josquin.
Comment peult...............................	Anonyme.
Corps digne (à l'exception du *superius*, les trois autres voix chantent : *Dieu quel mariage*)........	Busnoys (2).

D

D'amer je me veul intremetre.................	J. Fortuila.
De tous biens playne.........................	Anonyme.
De tous biens playne.........................	Anonyme.
De tous biens playne (au-dessus du contralto on lit : *Canon; hic dantur antipodes*)..............	Japart.
De tous biens playne.........................	Agricola.
De tous biens playne (Le *superius* chante : *Beati pacifici*).....................................	C. de Stappen.
De tous biens playne (voir la chanson : *Jay pris amours*)....................................	Anonyme.
De tous biens playne.........................	Anonyme.
De tous biens playne (canon : *Petrus e Joannes currunt in puncto*)................................	Josquin.

---

(1) *Chansons du quinzième siècle*; G. Paris, p. 14.
(2) Cette chanson est mise en partition par Kiesewetter dans *Schicksale des Weltlichen Gesanges*, 1841.

De vostre deul.. Anonyme.
Dieu quel mariage (voir *Corps digne*)............ Busnoys.
Dit le Bourguignon.. Anonyme.
Dung aultre amer (La partie de ténor porte : *Quartus confortativus*).................................... De Orto.
   Au-dessus du *contra* et du *bassus* il y a :
   Obelus quinis sedibus ipse volat.

E

E la la la (Le *ténor* et le *bassus* chantent : *Faictes lui bone chière*).. Anonyme.
Eleve vous... Anonyme.
Elogeron nous... Anonyme.
En chambre polie... Anonyme.
En despit de la besogne................................... Anonyme.
En lombre dung bussinet (1)........................... Anonyme.
En lombre dung buissonnet............................. Josquin.
En vroelic.. Anonyme.
E qui le dira (2).. Anonyme.
Entre vous galans (L'*alto* chante : *Je my levai hier au matin*).. Anonyme.
Et dunt revenes vous....................................... Compere.
Et Marion la brune... Anonyme.
Et raira plus la lune.. Grégoire.
E vray Dieu que payne..................................... Compere.

F

Faictes luy bonne chière (voyez E la la la)....... Anonyme.
Faisans regres... Anonyme.
Fault il que heur soy.. Jo. Martini.
Fors seulement.. P. de La Rue.
Fors seulement.. Obrecht.
Fors seulement.. Agricola.
Fors seulement.. G. Reingot.
Fors seulement.. Ghiselin.
Fors seulement.. Alexander.
Fors seulement.. Anonyme.

---

(1) *Chansons du quinzième siècle*; G. Paris, p. 20. — L'air n'est pas le même; celui du manuscrit de Bayeux est encore une troisième version différente. La seconde messe de Carpentras est sur la chanson *A lombre dung buissonet*.

(2) Man. de Bayeux, ch. 85°; le commencement des deux versions est bien le même, mais elles ne tardent pas à dévier l'une de l'autre.

PRÉFACE.

Fortuna desperata...	J. Pinarol.
Fortuna desperata...	Anonyme.
Fortuna dun gran tempo (sous le *superius Franch cor quastu*)...	De Vigne.
Fortuna dun gran tempo...............................	Japart.
Franch cor quastu (à part le *superius*, les autres voix chantent: *Fortuna d'un gran tempo*, à cinq voix)..	De Vigne.

G

Gentils galans aventuriers.............................	Anonyme.
Gentil galant de gorre (guerre)....................	Anonyme.
Gentil galans de gerre...................................	C. de Stappen.
Gratieuse (Le *superius* et le *bassus* chantent: *Mon mignault*)..	Anonyme.

H

Helas ce n'est pas sans rayson se jai melancolie....	Sthokem.
Helas helas...	Ninot.
Helas helas fault il..	Anonyme.
Helas hic moet my liden................................	Ghiselin.
Helas le povre Jean.......................................	Anonyme.
Helas que poura devenir...............................	Caron.
Helas qu'il est a mon gré..............................	Japart.
He logeron nous...	Anonyme.
Hor (or) oirez une chanson...........................	Anonyme.

I

Ich bin so elende...	Anonyme.
Il est de bone heure (le *bassus* chante *l'homme armé*..	Jo. Japart.
Il est de bone heure (voy. *Amor fait moult*)......	Anonyme.
Ils sont bien pellés (1) (voir: *Ceulx qui font la gorre*)..	Anonyme.

J

James, james (jamais)....................................	Anonyme.
Jay bien nouri (2)..	Anonyme.

---

(1) *Chansons du quinzième siècle*, G. Paris; l'air n'est pas le même.
(2) *Chansons du quinzième siècle*, G. Paris, p. 29. Le *superius* est à peu près semblable à l'air noté par M. Gevaert, mais dans *l'Odhecaton* cet air a quatre mesures de plus.

Jay pris amour de seize ans...................	Anonyme.
Jay pris amours...........................	Anonyme.
Jay pris amours...........................	Anonyme.
Jay pris amours...........................	Obrecht.
Jay pris amours (l'*altus* et le *bassus* chantent : *De tous biens*)..............................	Anonyme.
Jay pris amours (en sol mineur)...............	Japart.
Jay pris amours (en la mineur)................	Japart.
(Au titre de cette chanson : *Fit aries piscis in licanosypathon*)...........................	
Jay pris amours tout au rebours (1)............	Busnoys.
Jay pris amours (l'*altus* et le *bassus* chantent : *De tous biens playne*).........................	Anonyme.
Jay pris mon bourdon.......................	Sthokem.
Jay pris amours............................	Anonyme.
Je cuide se ce temps me dure.................	Anonyme.
Je cuide (le *tenor* et le *bassus* chantent : *De tous biens playne*)..............................	Japart.
Je my levai hier au matin (voy. *Entre vous galans*)...................................	Anonyme.
Je nay dueul...............................	Okeghem.
Je nay dueul...............................	Agricola.
Je ne demande aultre degré...................	Busnoys.
Je ne fay plus.............................	Anonyme.
Je ne me peus tenir d'amer (2)................	Anonyme.
Je ne suis mort ne vif.......................	Anonyme.
Je ne suis pas a ma playsance.................	Anonyme.
Je sais bien dire l'ave.......................	Josquin.
Je suis amye du forier.......................	Anonyme.
Je sui Dalemagne...........................	J. Sthokem.
Je suy Dalemagne (à cinq parties; le ténor et la basse chantent : *Joliette men vay*)...........	Anonyme.
Joliette men vay (précédente).................	
Je suis trop jounette........................	Anonyme.

L

La fluer de biaulté..........................	Jo. Martini.
Lamor de moy (3)...........................	Anonyme.

---

(1) Cette chanson tient huit pages, c'est la plus longue de tout le recueil.
(2) On trouve cette chanson, avec les paroles, dans les *madrigali italiani et canzoni francese* de J. Gero (1543); la musique n'est pas la même.
(3) Voy. *Chansons du quinzième siècle*, G. Paris, p. 30, et man. Bayeux (semblable).

PRÉFACE.

Latura tu...............................	Anonyme.
La tourturella...........................	J. Obrecht.
Lautre jour men chevauchoye..................	Anonyme.
Lautrier je men aloye jouer.....................	Anonyme.
Lautrier que passa.........................	Busnoys.
Le bon temps que javoy.....................	Anonyme.
Le despourveu infortuné.....................	Anonyme.
Lenzotta mia..............................	Anonyme.
Le second jour d'avril.......................	J. Japart.
Le serviteur (1)............................	Anonyme.
Les trois filles de Paris.....................	De Orto.
Linken van beveren.........................	Anonyme.
Loier my fault un carpentier..................	J. Japart.
Lomme armé (au titre : Canon. *Et sic de singu-*	
lis).....................................	Josquin.
Lomme feme desconfortee (2)..................	Anonyme.
Loseray dire (3)............................	Anonyme.
Loseray je dire se jame per amours.............	Anonyme.
Lourdault lourdault (4)......................	Compere.

M

Mayntes femes (avec le canon : « *Odam si protham teneas in remisso diapason cum paribus ter augeas.* » Au ténor : « *Voces a mese non nullas usque licanosypato recine singulas.* ».............	Busnoys.
Meskin es hu (5)...........................	Anonyme.
Mon amy mavoyt promis une belle chainture......	Anonyme.
Mon enfant, mon enfant.....................	Anonyme.
Mon mari ma defamee (6)....................	De Orto.
Mon mari ma deffamee......................	Anonyme.
Mon mignault (l'altus et le ténor chantent : *Gratieuse*).................................	Anonyme.
Mon pere ma doné mari.....................	Anonyme.
Mon pere ma doné mari.....................	Compere.
Mon pere ma mariee........................	Anonyme.

---

(1) M. Catelani indique cette chanson avec le nom de Busnoys; notre exemplaire ne donne pas de nom d'auteur.
(2) Cette chanson a été omise dans la table de Petrucci, elle est à la p. 108.
(3) Manuscrit de Bayeux (semblable).
(4) *Chansons du quinzième siècle*, G. Paris, p. 69, l'air n'est pas le même.
(5) Cette chanson, quoique à 4 parties, se trouve placée après les trios, c'est la dernière de la première partie.
(6) *Chansons du quinzième siècle*, G. Paris, p. 109, le commencement seul est semblable.

Mynherr.................................. Anonyme.
Myn morgen ghaf........................ Anonyme.

N

Nas tu pas veu la mistondina............ Anonyme.
Nenccioza............................... Jo. Martini.
Nenciozza mia (1)....................... Japart.
Noé, Noé, Noé........................... Brumel.
Nostre cambriere si malade estois....... Anonyme.
Nous sommes de lordre de saynt Babuyn... Compere.
Nunqua fue pena maior................... Anonyme.
Nunqua fue pena maior................... Anonyme.

O

O Venus bant............................ Anonyme.

P

Par ung jour de matinee................. Yzac.
Petite camusete (2)..................... Okenghem
Plus ne chasseray sans gans (voy. *Pour passer temps*)..............................
Pour passer temps (Le contraténor et le ténor chantent: *Plus ne chasseray sans gans*)...... J. Japart.
Porquoy je ne puis dire (le ténor chante: *Vray Dieu damours*)....................... J. Sthokem.
Porquoy non............................. P. de la Rue.
Pour quoy tant.......................... Anonyme.
Prennez sur moy (Fuga).................. Okenghem.
Prestes le moy.......................... J. Japart.

Q

Quant a moy (Fuga in diatessaron superius)....... Anonyme.
Quant vostre ymage...................... Anonyme.
Questa se chiama........................ J. Japart.
Que vous Madame (à la basse: *In pace in idipsum*)................................. Agricola.

---

(1) Cette chanson a été omise dans la table de Petrucci, elle se trouve à la page 10.

(2) Dans la table, il y a *Petita camuseta*, mais en tête de la chanson le titre est rectifié et mis en français.

PRÉFACE.

Quis det ut veniat....................................	Agricola.
Qui veult jouer de la queue......................	Anonyme.

R

Recordes moy ce que je pense.................	Anonyme.
Revellies vous (1).....................................	Anonyme.
Rompelthier (2)..	Anonyme.
Rose plaisant..	Philipon.
Royne du ciel (au contra : *Ad placitus*)...........	Compere.

S

Se congié pris...	Anonyme.
Se congié pris...	J. Japart.
Serviteur soye..	J. Sthokem.
Se suis trop jonnette................................	Anonyme.
Sil vous playsist.....................................	J. Regis.
Sur le pont d'Avignon.............................	Anonyme.
Sil y a compagnon en la compagnie (voy. *Une fileresse*)...	

T

Tan bien mit son pensament...................	J. Japart.
Tant que nostre argent dura....................	J. Obrecht.
Tart ara mon cœur...................................	Molinet.
Tmeiskin vas junck.................................	Anonyme.
Tout a par moy.......................................	Agricola.
Tous les regres.......................................	P. de la Rue.
Tres doulce fillete...................................	Anonyme.
Tres doulx regart....................................	Anonyme.
Tsat'een meskin (3)................................	J. Obrecht.

U

Una moza falle yo...................................	Anonyme.

---

(1) *Recueil de chansons du quinzième siècle*, G. Paris, p. 140; quelques mots du commencement sont semblables, le reste est différent.

(2) M. Catelani met cette chanson sous le nom de J. Obrecht; dans notre exemplaire elle ne porte pas de nom.

(3) Cette chanson (ainsi que celles *A l'audienche* et *Latura tu*) a été imprimée après les Trios, sans doute comme supplément.

PRÉFACE.

Una musque de Busegaya (1) (avec le canon : « *Quiescit qui supreme volat. Venit post me, qui in puncto clamat* »)..	Josquin.
Une fileresse (Le contra chante : *S'il y a compagnon en la compagnie*; le ténor chante : *Vostre amour*).	Anonyme.
Une petite aquinee.............................	Anonyme.
Une playsante fillete...........................	Compere.
Ung franc archier..............................	Compere.
Un franc archer................................	Anonyme.

V

Va vilment....................................	Obrecht.
Veci la danse barbari..........................	Vaqueras.
Verai Dieu damours (voir la chanson : *Pour quoy je ne puis dire*).................................	J. Sthokem.
Venecioza.....................................	J. Martini.
Vilana che sa tu far?..........................	Anonyme.
Virgo celesti (à 5 voix, dont 2 ténors; les paroles tout au long).................................	Compere.
Virtutum expulsus terris chorus omnis abibit...	C. de Stappen.
Vive le roy (avec le canon :	
Fingito vocales modulis apteque subinde,	
Vocibus his vulgi nascitur unde tenor.	
Non vario pergit cursu tolumque secundum	
Subvehit ad primum; per tetracorda modum.....	Josquin.
Vivre ou mourir...............................	Anonyme.
Vostre amour (voy. *Une fileresse*).............	
Vostre bargeronette............................	Compere.
Vray dieu damours (2) (à 5, les contraltos chantent les litanies des saints).......................	Jo. Japart.
Vray Dieu qui me confortera...................	Anonyme.

MORCEAUX A TROIS VOIX.

A

Adieu fillette de regnon (renom)...............	Anonyme.
Ales mon cor..................................	Alexander (Agricola?)

---

(1) *Chansons du quinzième siècle*, G. Paris, p. 7 (assez semblable).

(2) Dans les *Chansons du quinzième siècle*, G. Paris donne trois versions de celle-ci, aucune n'est semblable à la nôtre. — On trouve aussi cette chanson dans J. Gero (déjà cité), l'air est autre.

PRÉFACE.

Ales regrez.................................... Hayne.
Ales regrez.................................... Agricola.
Alma redemptoris............................. Anonyme.
A qui diraige mes pensées...................... Anonyme.
Avant, avant (In subdiatessaron)............... Anonyme.
Ave ancilla Trinitatis....................... Brumel.

B

Basies moy (1) (Fuga in diatessaron).......... Asel (2).
Belle sur toutes (la partie de contra chante: *Tota pulchra es*)................................ Agricola.
Benedictus................................... Yzac.

C

Cela sans plus................................. Josquin.
Chanter ne puis................................ Compere.
Circumdederunt (voy. *L'heure est venue*).... Agricola.
Comme feme..................................... Agricola.
Corpusque meus............................... Agricola.
Crions novel................................... Compere.

D

De tous biens playne........................... Bourdon.
De tous biens playne........................... Ghiselin.
De tous biens playne........................... Anonyme.
De tous biens playne........................... Anonyme.
Disant adieu, Madame........................... Anonyme.

E

En amours que cognoist......................... Brumel.
Est-il possible que lhome peult................ Anonyme.

F

Favus distillans............................. Ghiselin.

---

(1) Voyez manuscrit de Bayeux, 101ᵉ chanson.
(2) Inconnu.

PRÉFACE.

Fortuna dun gran tempo (1).................... Anonyme.
Fortuna per ta crudelte....................... Vincinet (2).

G

Garissez moy................................ Compere.
Gentil prince................................ Anonyme.

H

Ha traitre amours............................ J. Sthokem.
Helas....................................... Yzac.
Helas....................................... Tinctoris.
Helas hic moet my liden...................... Ghiselin.

J

Jay bien haver (3)........................... Agricola.
Je despite tous.............................. Brumel.
Je nay dueul (voy. *Vostre a jamays*)........ Ghiselin.
Je vous emprie............................... Agricola.
Joli amours.................................. Ghiselin.
Joli amours.................................. C. de Wilder.

L

La Alfonsina................................. Ghiselin.
La Bernardina................................ Josquin.
La hault Dalemagne........................... Mathurin.
La Morra..................................... Yzac.
La plus des plus............................. Josquin.
La regrettee................................. Hayne.
La Spagna.................................... Anonyme.
La Stangetta (4)............................. Anonyme.
Le corps (le contra chante : *Corpusque meus*).... Compere.
Le grant desir (5)........................... Compere.
Le renvoy.................................... Compere.
Le serviteur................................. Haucart.

---

(1) *Fortuna d'un gran tempo* se trouve avec le nom de Josquin dans la brochure de M. Catelani, ainsi que dans M. Vernarecci.

(2) Non cité.

(3) En comparant avec Catelani, il y a ici un intervertissement entre *Jay bien haver* et la chanson *Puisque de vous*, l'un se trouve à la place de l'autre.

(4) M. Catelani donne cette pièce avec le nom de Uuerbech, sans doute Overbeck ; point de renseignements sur ce compositeur.

(5) *Chansons du quinzième siècle*, G. Paris, p. 138 ; Man. de Bayeux bien plus semblable, 24e chanson.

Le serviteur....................................	Anonyme.
Le serviteur....................................	J. Tadinghen.
Les grans regres................................	Anonyme.
Leure est venue (le contra chante: *Circumdederunt me*)...	Agricola.
Lomme bani.....................................	Agricola.
Lomme feme.....................................	Agricola.

M

Ma bouche rit...................................	Okenghem.
Madame helas...................................	Anonyme (1).
Mais que ce fust (2)............................	Compere.
Male bouche (le contra chante: *Circumdederunt me*).	Compere.
Malor me bat....................................	Okenghem.
Margueritte.....................................	Anonyme.
Ma seule dame..................................	Anonyme.
Mater patris...................................	Brumel.
Me doibt..	Compere.
Mes pensees....................................	Compere.
Mon souvenir...................................	Anonyme.

O

Or sus, or sus bovier (In subdiatessaron).........	Bulkyn.
O Venus Bant...................................	Josquin.

P

Pensif mari.....................................	J. Tadinghem.
Puisque de vous (3).............................	Anonyme.
Pourquoy tu fist ceste emprise..................	Anonyme.

R

Royne de fleurs (4).............................	Alexander.
Royne du ciel (le contra chante: *Regina celi*)....	Compere.

---

(1) Cette chanson est indiquée par M. Catelani avec le nom de Josquin; notre exemplaire ne porte pas de nom.
(2) Man. de Bayeux, 74° chanson.
(3) *Chansons du quinzième siècle*, G. Paris, p. 97.
(4) *Ibidem* p. 56, et dans le man. Bayeux; l'air n'est pas le même.

S

Se jay requis	Ghiselin.
Se mieulx ne vient damour	Compere.
Se mieulx ne vient damour	Agricola.
Si ascendere in celum	Nic. Craen.
Si a tort on ma blamee	Anonyme.
Si sumpsero	Obrecht.
Si vedero	Alexander. (Agricola).

T

Tander naken (1)	Obrecht.
Tender naken	Agricola.
Tander naken	Lacipide.
Tant ha bon oeul	Compere.
Tartara	Yzac.
Tous les regrets	Anonyme.

U

Une maistresse	Brumel.

V

Venes regres	Compere.
Venus tu ma pris	De Orto.
Vostre a jamays (le contra chante : *Je nay dueul*)	Ghiselin.
Vous dont fourtune	Anonyme.

W

Weit ghy	Anonyme.

Les titres d'ouvrages et renseignements qui suivent sont tirés de notre bibliothèque personnelle; nous en avons omis quelques-uns, très peu, qui ne semblaient pas présenter un intérêt suffisant; il peut y avoir égale-

---

(1) Cette chanson paraît avoir inspiré bien des compositeurs du quinzième siècle. Luscinius dans sa *Musurgia*, page 38, parle d'un Tander naken de Hofhaimer.

ment des livres sur la chanson populaire, dont la publication ne soit pas venue à notre connaissance : nous le regrettons, ce n'est pas faute d'avoir ouvert les yeux et la bourse, mais on n'a jamais tout !

Le *Recueil des plus belles et excellentes chansons en forme de voix de ville,* par Jehan Chardavoine, 1576, doit être inscrit après Petrucci, quoique 75 ans les séparent; ce qui n'empêche pas ce petit livre, publié avec des airs notés, d'être fort précieux pour l'histoire de la chanson. Il renferme, il est vrai, principalement des poésies de Philippe Desportes, quelques-unes de Ronsard et de Remy Belleau, mises en musique, mais il s'y trouve aussi quelques chansons populaires, comme *Un jour madame Perrette, Mon mari est riche, Une jeune fillette de noble cœur, C'est dedans Paris qu'il y a un homme, Quand le gril' chante, La piaffe des filles,* etc.

L'Orchésographie de Thoinot Arbeau (Jehan Tabourot), 1589, a de même le précieux avantage de renfermer d'anciens airs de danse populaires notés, comme : *Baisons-nous belle, Si j'ayme ou non, J'aymerois mieulx dormir, le Trihory de Bretagne, Cassandre* (Vive Henri IV) et bien d'autres.

Au dix-septième siècle, il faut chercher les chansons dans les recueils manuscrits des *Noëls de cour* et des *Vaudevilles satiriques.* Ce ne sont pas là de vraies chansons populaires, mais des chansons de ville. A part leur intérêt historique, fort exagéré, ces recueils nous ont conservé d'anciens airs populaires, qui sans cela seraient disparus pour la plupart; la plus célèbre collection de ce genre est celle de la bibliothèque nationale, le *Recueil Maurepas.* Nous possédons une vingtaine de ces sortes de volumes in-4° ou petit in-fol. dans lesquels on s'aperçoit sans peine qu'ils sont pour la plupart copiés les uns sur les autres.

On a fait deux publications d'après Maurepas, l'une d'elles a même des images; elles sont aussi incomplètes l'une que l'autre, puisque les airs manquent à toutes deux.

Recueil dit Maurepas, pièces libres, chansons, etc. *sur des personnages des siècles de Louis XIV et Louis XV;* Leyde, 1865. Six volumes in-12. Pas d'airs.
Recueil Clairambault-Maurepas, chansons historiques du dix-huitième siècle; Paris, 1884. Dix vol. in-18. Pas d'airs.

Mentionnons encore :

Recueil général de toutes les chansons Mazarinistes et avec plusieurs qui n'ont point estées chantées; Paris, 1649. In-4°. Pas d'airs notés.
Recueil complet de vaudevilles qui ont été chantés à la Comédie françoise depuis l'année 1659 jusqu'à l'année présente 1753; Paris, in-8°. 179 pages d'airs gravés.

Ce n'est qu'avec le commencement du dix-huitième siècle, en 1703, que les Ballard publièrent une série de petits volumes, renfermant des chansons populaires : les *Brunettes*, dont chacun des trois volumes est suivi de *douze chansons à danser*, ces dernières à peu près exclusivement empruntées au répertoire du peuple; la *Clef des chansonniers*, deux volumes, avec 300 airs populaires et vaudevilles, dont le texte a été malheureusement raffraîchi selon le goût du jour; *Rondes et airs à danser*, deux volumes où le texte a été également sophistiqué par-ci par-là.

Nous ne parlons pas des *airs de cour* publiés par Pierre

Ballard au commencement du dix-septième siècle, leur titre indique suffisamment qu'ils n'ont rien à faire avec la chanson populaire.

Pour les anciens vaudevilles on pourra consulter :

Théâtre italien de Gherardi; Paris, 1700, ou l'édition de 1741. Six vol. avec airs.

Nouveau théâtre italien. Paris, éditions de 1733 et de 1753. Dix vol. avec les airs.

Théâtre de la Foire; Paris, 1737. Dix vol. avec airs notés.

Les Œuvres de Dufresny; Paris, 1747. Trois vol. avec airs notés.

Les Œuvres de Vadé; La Haye, P. Gosse, 1760. Quatre vol. avec airs.

Théâtre de M. Favart; Paris, 1763. Dix vol. avec airs.

Théâtre de Pannard; Paris, 1763. Quatre vol. avec airs.

Supplément aux parodies du Théâtre italien, 1765. Trois vol. avec airs.

Le Théâtre de Boissy; Paris, 1766. Neuf vol. avec airs.

Le Théâtre de société (Collé), Paris, 1777. Trois vol. avec airs.

Nous avons tâché de classer par dates de publication les ouvrages suivants, sans avoir pu y réussir complètement.

B. DE ROQUEFORT. — *De l'état de la poésie françoise dans les douzième e treizième siècles* (Suivi d'un petit Essai sur la chanson) ; Paris, 1821. In-8°.

De la poésie en France, par M. VAULTIER. Deux fascicules in-8° ; 1834 et 1840.

Six anciennes chansons françaises, recueillies par M. H. ; sans lieu, 1835 In-8°.

Essai sur la vie et les ouvrages du R. Daire, par M. CAYROL ; *avec les épitres farcies telles qu'on les chantait dans les églises d'Amiens au treizième siècle;* Amiens, 1838. In-8°. Notations.

Barzaz-Breiz. Chants populaires de la Bretagne, par TH. HERSART DE LA VILLEMARQUÉ ; Paris, 1839. Deux vol. in-16. Airs.

ADRIEN DE LA FAGE. — *De la chanson considérée sous le rapport musical.* Paris, 1840. Br. in-8°.

Recueil de chants historiques français depuis le douzième jusqu'au dix-huitième siècle, avec des notices, par LEROUX DE LINCY ; Paris, 1841 et 1842. Deux vol. in-18°. Pas d'airs.

Volksbilder aus der Bretagne (Images populaires de la Bretagne), par A. KELLER et E. DE SECKENDORFF; Tubingue, 1841. Pet. in-8°. Quelques airs notés.

Chanson historique de Janne d'Arc. — Chanson nouvelle de Montgommery (1574). — *Chansons historiques de MM. de Cinq Mars et De Thou* (1642), etc. Réimpressions faites à Chartres en 1842. Br. petit in-8°.

Geschichte der altfranzösischen national-Literatur, etc. (*Histoire de l'ancienne littérature nationale des Français, depuis l'origine de la langue jusqu'à François Ier*), par JULES-LOUIS IDELER; Berlin, 1842. In-8°.

EDÉLESTAND DU MÉRIL. — *Poésies populaires latines antérieures au douzième siècle;* Paris, 1843. In-8°.

ID. *Poésies populaires latines du moyen âge;* Paris, 1847. In-8°.

Chants et chansons populaires de la France; Paris, 1843. 3 vol. in-8°, publiés par Du Mersan. Illustrations et airs notés.

Chansons nouvelles en provençal (composées vers 1550); Paris, 1844. Br. in-8°.

Chansons et airs populaires du Béarn, recueillis par FRÉDÉRIC RIVARÈS; Pau, 1844. — 2° éd., 1868. In-8°. Airs avec accompagnement.

Choix de chansons et poésies wallonnes (pays de Liège), recueillis par MM. S. et D.; Liège, 1844. In-8°. Airs notés.

Notice sur la chanson en France, par M. F. PINON; Reims, 1845. In-8°.

ADAM WALTHER STROBEL. — *Französische-Volksdichter* (Les poètes populaires français); Bade, 1846. In-8°.

Chansons et rondes enfantines, recueillies par DU MARSAN; Paris, 1846. Airs. In-18. Une autre édition parue en 1858 avec des illustrations, mais sans airs. In-8°.

Du Vaudeville; discours prononcé à l'Académie de Lyon par M. CLAUDE BROSSETTE (en 1727), édité par A. KUHNHOLTZ; Paris, 1846. In-18.

Cris de Douai, feux de la Saint-Jean, etc., par M. DUTHILLOEUL; Douai, 1850. Br. in-8°.

Voceri, chants populaires de la Corse, etc., par A. L. A. FÉE; Paris, 1850. In-8°, avec quatre airs notés.

Poésies béarnaises, avec la traduction française, lithographies et musique, E. VIGNANCOUR, 2° édit.; Pau, 1852. In-8°. (Bécherelle.)

Les Jeux chez tous les peuples du monde (avec des chansons), 1re série, seule publiée; Paris, 1852. In-8°.

Histoire des livres populaires, depuis le quinzième siècle jusqu'en 1852, par M. CHARLES NISARD; Paris, 1854. 2 vol in-8°. Fig.

Poésies populaires de la Lorraine. Publication de la Société d'archéologie lorraine; Nancy, 1854. In-8°. Airs.

Chants historiques de la Flandre (400-1650) recueillis par Louis de Bæker; Lille, 1855. In-8°. Pas d'airs.

Bibliothèque bibliophilo-facétieuse, éditée par les frères Gébéodé, *chansons historiques et satiriques sur la cour de France;* sans lieu, 1856. In-12.

Chants populaires des Flamands de France, avec les mélodies originales, par E. de Coussemaker; Gand, 1856. Gros in-8°.

Esquisses historiques sur les feux et les chants de Noël et de la Saint-Jean, etc., par M. Renault; Coutances, 1856. In-8°. Sans airs.

Étude sur la poésie populaire en Normandie, et spécialement dans l'Avranchin, par Eugène de Beaurepaire; Avranches, 1856. In-8°.

Jeux et exercices des jeunes filles, par Mme de Chabreul, Paris, 1856. In-18. Airs notés.

Recueil des noëls composés en langue provençale, par Nicolas Saboly, édition avec les airs, publiée par F. Seguin. Avignon, 1856. In-4°.

Six chansons populaires de l'Angoumois, recueillies par Eusèbe Castaigne; Angoulême, 1856. Br. in-8°. Airs.

La Bible des noëls, étude bibliographique et littéraire par Charles Ribault de Laugardière; Paris, 1857. In-8°.

Chants historiques et populaires du temps de Charles VII et de Louis XI, publiés par Le Roux de Lincy, 1857. In-18. Pas d'airs.

Légendes, contes et chansons populaires du Morbihan, recueillis par le docteur Alfred Fouquet; Vannes, 1857. In-18. Airs.

De la tonalité du plain-chant comparée à la tonalité des chants populaires de certaines contrées, etc., par M. Auguste Le Jolis; Paris, 1859. Br. in-8°. Airs.

Étude sur les chants populaires, en français et en patois, de la Bretagne et du Poitou, par Armand-Guéraud; Nantes, 1859. Br. in-8°.

Fragments d'histoire littéraire à propos d'un nouveau manuscrit de chansons françaises, par M. Louis Passy; Paris, 1859. In-8°.

Chansons populaires des provinces de la France, notices par Champfleury, airs notés avec accompagnement de piano par J. B. Weckerlin; Paris, 1860. In-8° illustré.

Notes pour l'histoire de la chanson, par V. Lespi; Paris, 1861. In-8°.

Chants populaires de la Provence, recueillis et annotés par Damase Arbaud; Aix, 1862-1864. Deux vol. in-12. Airs notés.

Chants populaires du pays Castrais, par Anacharsis Combes; Castres, 1862. Pet. in-8°. Pas d'airs.

La Muse pariétaire et la muse foraine, ou les chansons des rues depuis quinze ans, par Charles Nisard; Paris, 1863. In-8°. Pas d'airs.

Chants et chansons populaires du Cambrésis, avec les airs notés recueillis par A. DURIEUX et A. BRUYELLE, 1864. In-8°. Un second volume a été publié par M. DURIEUX quelques années plus tard.

Chansons populaires du Canada, recueillies et publiées, avec annotations par ERNEST GAGNON; Québec, 1865; 2ᵉ édition 1880. In-8°. Airs notés.

Chants populaires recueillis dans le pays messin, par le comte DE PUYMAIGRE; Paris, 1881. Deux vol. in-18. Airs notés. La 1ʳᵉ éd. est de 1865.

Noëls et cantiques imprimés à Troyes depuis le dix-septième siècle jusqu'à nos jours, etc., par ALEXIS SOCARD; Troyes, 1865. In-8°. Pas d'airs.

Chants et chansons populaires des provinces de l'Ouest, Poitou, Saintonge, Aunis et Angoumois, avec les airs originaux, recueillis et annotés par JÉROME BUJEAUD; Niort, Clouzot, 1866. Deux vol. in-8°.

Chansons populaires de France. Édition du *Petit-Journal*, 1866. Deux vol. in-12, l'un contenant les airs notés.

J.-B. WECKERLIN. — *Histoire de la chanson*. Dans les Bulletins de la Société des compositeurs de musique. 1ᵉʳ vol., Paris, 1866. In-8°. Notations.

Des chansons populaires chez les anciens et chez les Français, etc., par CHARLES NISARD; Paris, 1867. Deux vol. in-18. Pas d'airs.

Poésies populaires de la Kabylie du Jurjura, texte kabyle et traduction par le colonel A. HANOTEAU. Notice et airs notés par F. SALVADOR DANIEL; Paris, imprimerie impériale, 1867. Gr. in-8°.

Chants populaires de la Basse-Bretagne, recueillis et traduits par F. M. LUZEL; Lorient, 1868. Deux vol. in-8°. Pas d'airs.

Littérature populaire de la Gascogne, etc., par CÉNAC MONCAUT; Paris, 1868. In-18. Airs notés.

Chansons hébraïco-provençales des juifs comtadins, réunies par E. Sabatier Nîmes, 1874. In-12.

Chants populaires du pays basque, paroles et musique originales, recueillies par J. D. J. Sallaberry; Bayonne, 1870. In-8°; accompagnements par A. DOTTERER.

Fêtes et chansons populaires du printemps et de l'été, par J. B. WECKERLIN; Paris, 1874. In-8°. Airs notés.

Les Noëls de Jean Daniel, dit maître Mitou (1520-1530), précédés d'une étude sur sa vie et ses poésies, par HENRI CHARDON; le Mans, 1874. In-8°.

Cantiques bretons, hymnes et légendes pieuses, transcrits pour l'orgue, par CHARLES COLLIN; St-Brieuc, 1876. Deux vol. in-8° (pas de texte).

Chansons en patois vosgien, recueillies et annotées par LOUIS JOUVE, avec un glossaire et la musique des airs; Épinal, 1876. In-8°.

Rondes et chansons populaires illustrées, avec musique et accompagnement, par VERRIMST; Paris, 1876. In-8º.

Chants populaires messins, recueillis dans le val de Metz en 1877, par NÉRÉE QUÉPAT; Paris, 1878. Pet. in-8º. Pas d'airs.

Collection de vieilles chansons (spécialement de Puy-l'Évêque), recueillies par M. DAYMARD; Cahors, 1878. In-8º, sans airs. (Ces derniers m'ont été envoyés manuscrits.)

Noelz de Jehan Chaperon, dit le lassé de repos, publié par ÉMILE PICOT; Paris, 1878. In-12. Pas d'airs.

Rolea, divisi in beacot de peces ov l'universeou Poetevinea, etc. (chansons poitevines rééditées à Niort, 1878. Pet. in-8º. Pas d'airs).

Les mélodies populaires de la France, paroles, musique et histoire, publiées par ANATOLE LOQUIN; Bordeaux, 1879. In-8º.

Poésies populaires en langue française, recueillis dans l'Armagnac et l'Agenais, par M. JEAN FRANÇOIS BLADÉ. Paris, 1879. In-8º. Airs.

Les réjouissances du mois de mai en Bourgogne, par CLÉMENT JANIN; Dijon, 1879. Br. in-18.

Chants populaires du Languedoc, publiés sous la direction de MM. ACHILLE MONTEL et LOUIS LAMBERT; Paris, 1880. In-8º. Airs notés.

Chants et chansons de jeunes filles, recueillis et revus par ÉTIENNE DUCRET; Paris, 1880. Trois séries in-12. Airs notés.

Chansons et lettres patoises Bressanes, Bugeysiennes et Dombistes, avec une étude sur le patois du pays de Gex et la musique des chansons, par PHILIBERT LE DUC; Bourg en Bresse, 1881. Pet. in-8º.

Poésies populaires de la Gascogne par M. JEAN-FRANÇOIS BLADÉ; Paris, 1881, 3 vol. Pet. in-8º. Airs notés.

Chants populaires du Lyonnais. Rapport de M. ÉMILE GUINET; Lyon, 1882. Br. in-8º.

Chansons populaires de l'Alsace, par J.-B. WECKERLIN; Paris, 1883. Deux vol. petit in-8º. Airs notés.

CHARLES GUILLON. — *Chansons populaires de l'Ain*; Paris, 1883. Grand in-8º, avec illustrations et airs notés.

Rimes et jeux de l'enfance, par E. ROLLAND; Paris, 1883. Petit in-8º. Airs notés.

LUCIEN DECOMBE. — *Chansons populaires recueillies dans le département d'Ille-et-Vilaine*; Rennes, 1884. In-12. Airs notés.

Vieilles chansons et rondes pour les petits enfants, par CH. WIDOR; Paris, 1884. In-4º obl. Illustrations et airs notés.

Chansons de France pour les petits Français, par J.-B. WECKERLIN; Paris, 1885. In-4º obl. Illustrations et airs notés.

Chansons et ballades populaires du Valois, recueillies par GÉRARD DE NERVAL, tiré de ses œuvres par A. Loquin; Paris, 1885. Brochure in-8°.

Chansons et rondes enfantines, par J.-B. WECKERLIN; Paris, 1885. In-8° Illustrations et airs notés.

Nouvelles chansons et rondes enfantines, par J.-B. WECKERLIN; Paris, 1886. In-8°. Illustrations et airs notés.

PUBLICATIONS SANS DATES.

Album auvergnat, par J.-B. BOUILLET; Moulins. In-8°, avec illustrations et chansons notées.

Bourrées et montagnardes (de l'Auvergne) transcrites pour le piano par EDMOND LEMAIGRE; Clermont-Ferrand. In-8°.

BRAGA SAMMLUNG. — *Airs populaires des pays de l'Europe,* notés avec accompagnement et publiés par O. L. B. WOLFF. Bonn. In-8° (Douze airs français).

Chansons de la révolution. 3 vol. in-8°. Recueil factice des feuilles volantes du temps, avec les airs.

Chansons de nos grand'mères, par A. GODET; Genève. In-4°. Airs notés.

Chansons nationales et populaires de France, accompagnées de notes historiques et littéraires par DUMERSAN et NOEL SÉGUR; Paris. 2 vol. in-8°. Pas d'airs, mais des illustrations.

Classique populaire. Recueil de 160 airs populaires, etc.; Rouxel; Paris, Br. in-8°.

La Fleur des chansons populaires; Paris. In-8°. Illustrations, sans airs notés.

Recueil de chants royalistes (avec les airs); Angers.

Recueil de rondes avec jeux et de petites chansons, par CH. LEBOUC. Br. in-8°. Airs.

Soixante-cinq chansons des rues, en dialecte breton. Recueil factice. In-12.

Six airs béarnais les plus populaires, avec le texte primitif, par PARAVEL; Pau. In-8°.

On voit que la liste, même incomplète, des ouvrages publiés en France sur la chanson populaire est déjà passablement respectable. Il est cependant un côté (le plus intéressant selon nous) resté constamment dans l'ombre, c'est le côté musical : aussi est-ce lui qui fera l'objet principal de cette étude. Nous ne parlerons qu'incidemment des usages du peuple, notre projet étant d'écrire un volume spécial sur l'histoire des mœurs et usages populaires d'après les chansons, ce sujet présente suffisamment d'intérêt pour être traité à part.

En France la chanson affecte trois caractères différents, bien distincts : 1° La chanson populaire. 2° La chanson de ville (noëls de cour, vaudevilles). — 3° La chanson artistique.

Les Allemands ont, comme nous, la 1re et la 3° catégorie, mais leur 2° diffère essentiellement de la nôtre, car ils ont en place une *chanson forme populaire (volksthümlich)*, c'est-à-dire calquée par un poète sur la forme populaire, et que le peuple adopte généralement sans connaître le nom de l'auteur. Il ne faut pas confondre cette espèce de chansons avec nos *turlutaines* de cafés-concerts, que le peuple braille sur les boulevards ; ce sont au contraire de vraies chansons populaires comme fond, mais d'une forme plus correcte que celle des anciennes chansons, et souvent aussi plus musicales. Ces chansons (forme populaire) sortent évidemment d'un milieu où l'éducation a été plus avancée que dans la grande classe du peuple, or dans le nombre il y en a de charmantes.

Il serait sans doute inutile d'engager nos jeunes compositeurs à tenter cette voie, en créant en France un genre de composition qu'elle ne possède pas ; le tourbillon musical actuel ne semble nullement pousser de ce côté-là notre jeune école de l'avenir.

Jusque dans ces derniers temps, on attribuait aux compositeurs du quinzième et du seizième siècle, la part entière de leurs compositions à plusieurs voix, c'était aussi le cas pour les psaumes de Marot; on sait maintenant qu'il n'en était pas ainsi, et que ce qu'on appelait *componere* signifiait *harmoniser un thème existant déjà*. Il ne faut cependant pas prendre cela pour une vérité ou une règle sans exception, et dénier aux anciens compositeurs l'invention de toute mélodie autre que les chants populaires : des maîtres comme Josquin des Prés ou Orlando de Lassus et bien d'autres n'avaient pas besoin de chercher leurs chants autre part que dans leur imagination; cela est si vrai que bien des fois, quand ils indiquent un de leurs morceaux sur un dicton populaire, ils y mettent une mélodie à eux et ne s'occupent pas de l'ancien air populaire. En un mot, tous n'avaient pas l'habitude de se servir des chants populaires comme d'un espalier, pour y accrocher et faire filer leur musique, comme l'a dit un écrivain allemand.

La récolte des chants populaires a été de tout temps un travail long et fatigant, heureusement qu'il existe encore de braves chercheurs qui, le sac au dos, vont à la découverte de ces chansons, et s'égarent dans les villages les plus isolés de la plaine immense ou sur les hauteurs les moins visitées par les voyageurs, mais où quelques cabanes, quelques métairies sont plantées au coin d'un bouquet d'arbres. C'est dans ces cachettes-là qu'il faut souvent aller chercher la chanson populaire, car elle se garde bien de venir à vous, mais se dérobe le plus qu'elle peut à vos recherches. Et puis, quand on est parvenu à découvrir un de ces nids où l'on chante encore, que de précautions à prendre pour ne pas effaroucher les chanteuses, qui d'abord déclarent toujours qu'elles ne se rappellent plus rien, qu'elles ont oublié tout, ou à peu près ; par exemple on ne prétexte jamais un rhume, cette excuse est inconnue. Ce n'est qu'après connaissance faite, et même souvent après qu'on a chanté soi-même d'abord quelque production du pays ou des environs que les chanteuses prennent courage et finissent par se désintimider.

Une fois en train, par exemple, elles vous en chantent, elles vous en dégoisent au point qu'on ne sait plus comment les arrêter et qu'on est obligé de préparer, ruminer quelque bonne raison honnête pour les faire taire. Il en était ainsi dans notre jeune temps, devenu maintenant le temps passé.

Aujourd'hui, quel changement!

Grâce à la facilité des communications, où sont-ils ces pays sauvages et primitifs, qui ont gardé leur ancien langage et la tradition des mœurs de leurs pères? — L'autre semaine il y avait encore un de ces villages oubliés et difficiles d'accès, mais le samedi soir il y est arrivé deux ou trois gas des faubourgs de la ville, avec leur répertoire guilleret et osé, dans la gaie tonalité moderne, et déjà les vieux chants n'osent plus se faire entendre, les chanteurs ou les chanteuses sont devenus timides devant ces chansons vivantes, pimpantes, même étourdissantes, et si les chanteurs de la ville persistent à habiter là pendant quelque temps, les anciens airs auront complètement disparu avant la fin de l'année.

LA
CHANSON POPULAIRE.

CHAPITRE PREMIER.

COUP D'ŒIL GÉNÉRAL SUR LA CHANSON.

« La poésie primitive vivait dans l'oreille du peuple, sur les lèvres des chanteurs ; elle transmettait l'histoire, les mystères, les merveilles ; c'était en quelque sorte la fleur caractéristique des peuples, conservant leur langue, leurs mœurs et initiant les peuples futurs aux mœurs, aux passions, aux sciences, aux arts, ou plutôt aux occupations de leurs aïeux (1). »

De même que nous devons aux rhapsodes ce qui nous reste des poésies de la Grèce antique, de même la plupart des anciennes chansons populaires françaises que nous possédons, ont été transmises oralement par les chanteurs populaires.

Il faut bien convenir que les langues mortes ont un immense avantage sur ce que nous appelons les langues vivantes, les premières n'ayant pas été sensiblement altérées ; nos chansons anciennes au contraire, transmises oralement d'âge en âge, ont subi non seulement les transformations de la langue, mais se sont encore revêtues presque toujours du costume et des formes

---

(1) Herder. *Stimmen der Völker in Liedern.* (Les voix des peuples en chansons), p. 7.

plus modernes, des mœurs du jour... les chanteurs ne connaissant plus la signification des anciens termes, ou corrompus ou disparus.

On ne peut affirmer comme authentique que ce qui est écrit ou imprimé, encore sommes-nous astreint, la plupart du temps, à prendre comme point de départ la date du manuscrit ou de l'impression. Clément Marot a beau nous donner une édition des œuvres de Villon, la langue est déjà rajeunie et ce n'est plus le texte primitif.

Dans la transmission orale, les moyens de vérification sont difficiles : on pourra recueillir de nombreuses versions, différentes les unes des autres, sans toujours savoir exactement quelle est la plus authentique.

La forme du chant populaire ne suit pas des règles fixes. Ces pièces sont composées quelquefois par plusieurs chanteurs, qui travaillent en commun, et ne connaissent aucune loi de prosodie ni de versification.

La rime est rarement absente totalement, quoiqu'elle ne soit pas bien riche et qu'elle se présente le plus souvent à l'état de simple assonance, mais le peuple s'en contente. Chaque ligne ou chaque vers forme habituellement un sens et se termine par un repos : cette particularité est d'ailleurs commandée par la mélodie, qui n'a que des phrases courtes, comme le sont généralement celles qui ont été faites en dehors de tout accompagnement ou de toute harmonie soutenant l'haleine du compositeur. Herder nous dit que le noble art du poète, malgré les imperfections citées, « va se régénérer dans les chants du peuple, où d'ailleurs il a pris naissance. Le peuple n'est pas celui des rues, qui chante et ne crée jamais, mais qui crie et estropie. »

Les sujets dont s'occupe la chanson populaire sont puisés dans la vie et le centre d'activité du peuple même. Son caractère, ses superstitions, ses légendes, ses aspirations, tout cela s'y fait sentir : l'amour remplit une bonne partie des chants populaires (1).

Les chansons descriptives ont un intérêt véritable pour l'histoire, car ce sont des détails pris sur le fait, et non le produit de l'imagination, comme c'est le cas pour les poètes et souvent même pour les historiens.

Les chansons satiriques sont généralement très crues dans l'expression et dans la pensée. Les chansons gaillardes, surtout celles du seizième et du dix-septième siècle, ne manquent ni de verve ni d'esprit... gaulois.

Les chansons populaires d'un pays expriment mieux son type, sa physionomie spéciale, ses rythmes particuliers, caractéristiques, que la musique des compositeurs de ce même pays, parce que l'art étant universel, ne peut avoir comme type tel ou tel pays, tandis que la chanson du peuple reste circonscrite dans un rayon, déterminé généralement par la même langue ou le même dialecte.

La France est le royaume de la chanson, car le Français naît chansonnier. Adrien de La Fage développe ainsi cette vérité : « Le peuple saisit merveilleusement le caractère spécial des chansons, et c'est lui qui en fait vraiment le succès ; il n'intervient pas habituellement dans le jugement du public sur les opéras et les autres compositions analogues, mais la chanson, elle, est essentiellement de son domaine ; il s'en empare, c'est sa consolation, c'est son bien, c'est son droit ; il jouit de la chanson comme de l'air qu'il respire, comme du soleil qui l'éclaire et le réchauffe. »

Notre définition, un peu moins enthousiaste, est celle-ci : la chanson est la forme littéraire et musicale la plus ancienne, elle est née avec l'homme. Ce fut d'abord une mère qui trouva quel-

---

(1) D'après Plutarque, les Grecs avaient une sorte de chanson qui nous est restée inconnue ; ce sont les lois chantées, les *nomes*. Nous avons fort envie de croire que ces lois étaient tout simplement rythmées, et pouvaient être déclamées comme des vers, mais non chantées.

ques notes du cœur pour endormir son enfant (1), puis la tristesse aussi s'exhala dans un chant, car on a dû chanter dans la douleur avant de chanter dans la joie : c'est l'humaine destinée.

Les temps bibliques comme ceux de l'antiquité païenne ont eu leurs chants, qui ne nous sont point parvenus, mais Job se plaint déjà des chansons qu'on faisait sur lui (2). Ce que la tradition orale nous a conservé de plus ancien, ce sont les *psaumes de David;* on trouve aussi quelques chansons des anciens Hébreux dans les *Nombres;* ainsi au chapitre 21, verset 17, il y a la chanson du *Puits qui monte :*

> Le puits monte,
> Chantez tous ainsi,
> Le puits qu'ont creusé les chefs,
> Qu'ont préparé les princes du peuple
> Pour les législateurs,
> Pour les guides :
> Le puits monte,
> Chantez tous ainsi.

Il existe également trois ou quatre mélodies grecques, on les trouve dans tous les dictionnaires de musique ; elles ne sont pas de nature à avoir eu la moindre influence sur la musique ancienne, encore moins sur la moderne.

Le peuple romain ne fut guère chanteur, il avait cependant

---

(1) Un auteur allemand, J. H. Buttstedt, dans un livre avec ce titre bizarre : *ut re mi fa sol la, tota musica et harmonia æterna*, 1714, a été jusqu'à publier la berceuse qu'Ève a dû chanter à son premier né, Caïn :

(2) *Nunc in eorum canticum versus sum, et factus sum eis in proverbium.* Chap. XXX, verset 9.

ses exclamations satiriques aux triomphes, ses chansons de table et ses *nenies* aux funérailles ; il ne nous reste de ces sortes d'improvisations que quelques bribes d'exclamations poussées par les soldats au triomphe de Jules César, comme :

Urbani servate uxores : mœchum calvum adduccimus,

ou bien :

Calvus, adulteriis plaudite, Cæsar adest.

En entrant dans le domaine de l'histoire, nous voyons, d'après Tacite (premier siècle de l'ère chrétienne), que les anciens peuples du Nord, longtemps avant leur première invasion dans les Gaules, avaient des chants en l'honneur des dieux et des héros, sans doute des hymnes et des chants de combat.

Jornandès, l'historien des Goths (sixième siècle), nous apprend qu'ils avaient des chants populaires, et cite un chant funèbre sur la mort d'Attila. Paul Diacre, de son côté (huitième siècle), parle dans le même sens des Lombards, qui possédaient plusieurs chansons sur le roi Alboin.

Il est hors de doute que tant que le peuple a compris le latin, les hymnes et les proses de l'Église faisaient partie de son répertoire habituel, qu'il les chantait fréquemment hors de l'église : beaucoup d'anciennes séquences ont des sortes de vocalises (*alleluias*) qui peuvent fort bien être des variantes provenant de source populaire, et passées dans la liturgie ancienne. Edelestand Du Méril cite entre autres pièces un charmant noël :

Dormi, fili, dormi ! mater
Cantat unigenito :
Dormi puer, dormi ! pater
Nato clamat parvulo :
Millies tibi, laudes canimus,
Mille, mille, millies, etc. (1).

---

(1) E. Du Méril, *Poésies populaires latines, antérieures au douzième siècle,* p. 110.

Mais à côté de ces chants pieux, le peuple avait aussi ses chansons profanes, grivoises même, qu'il produisait jusque dans le sanctuaire, à l'occasion des agapes, premières occasions de réunion, lors des fêtes de l'année, des pèlerinages, etc.

Nous voyons déjà par un blâme émané d'un concile du septième siècle, tenu à Châlons, qu'aux dédicaces des églises et aux fêtes des martyrs il se formait de très nombreuses réunions de femmes, pour chanter des vers impies et obscènes ; « les prêtres doivent les empêcher de se placer dans le centre des églises, ou auprès des portiques, ou sous les porches (1) ».

Au huitième siècle, on interdit aux religieuses de copier ou de répandre des chansons d'amour ; à cette même époque le clergé défend aux Saxons leurs chants ou invocations du diable, restes de coutumes païennes.

On sait par Eginhard que les poèmes antiques et barbares (germains), dans lesquels les actions et les guerres des anciens rois étaient célébrées, furent écrits par ordre de Charlemagne, pour être transmis à la postérité : *Item barbara (germanica) et antiquissima carmina, quibus veterum regum actus et bella canebantur, scripsit memoriæque mandavit* (2).

On ne peut donner la date exacte de l'apparition des *mystères*, dont l'existence est déjà constatée au douzième siècle. L'usage de jouer des *miracles* est antérieur à celui de jouer des *mystères ;* les premiers miracles joués remontent à la fin du

---

(1) *Dictionnaire des mystères*, par le comte de Douhet, p. 18.

(2) Ces poèmes populaires, *vulgares cantilenae, gentilitia carmina,* sont même antérieurs au règne de Charlemagne ; ils se chantaient ordinairement durant les repas. (*Œuvres d'Eginhard*, publiées par Teulet, t. I, p. 88).

A la fin du onzième siècle on réunit et l'on nota aussi, par ordre de la princesse Constance, toutes les traditions qui se rapportaient au roi d'Angleterre Henri I*er* :

Ele en fist fere un livre grand
Le premier vers noter par chant.

(*Poésies latines du moyen âge*, par Edelestand du Méril, p. 191.)

onzième siècle, d'après ce que nous dit l'abbé De la Rue, dans ses *Essais historiques sur les bardes*, tome I, p. 162. Le sujet de ces drames religieux était généralement puisé dans la Bible ou dans la Légende dorée; on y joignait des proses ou des hymnes de la liturgie de Noël, de l'Épiphanie, de Pâques et de l'Ascension, époques où l'on exhibait ces singulières pièces, qui furent l'origine du théâtre en France.

Les mystères du douzième siècle étaient déjà un progrès, un perfectionnement, une espèce d'organisation des *rites figurés*, qu'on représentait dans les églises bien avant cette époque, sous les formes les plus bizarres (1). Le peuple y tenait sa partie; ainsi, à la fin de l'office de Pâques dramatisé, dont M. Luzarche a donné la musique en *fac simile* sur quatre portées, d'après le manuscrit de Tours (douzième siècle), on chante le *Victimæ paschali*; pour terminer il y a *Et chorus incipit altâ voce : Te Deum laudamus*. L'auteur de cette réédition de l'office de Pâques dit que ces représentations sont « l'expression la plus populaire de la rivalité qui a toujours existé entre le culte dominant et les plaisirs mondains, ils sont les derniers anneaux de la chaîne qui rattache le théâtre, sous sa forme hiératique, aux mystères du paganisme et aux cérémonies religieuses du monde ancien ».

La partie chantée dans les plus anciens mystères français est toujours en latin, soit une prose ou un fragment de prose. Il existait cependant dès lors des chansons en langage vulgaire, ainsi que nous l'avons déjà remarqué; Mabillon cite plusieurs poètes du onzième siècle qui avaient composé des chansons érotiques en langue vulgaire; on appelait cela des *chansons badines*, leur

---

(1) Parmi ces fêtes on peut désigner : *les Agapes, l'Alleluia, la fête de l'âne, du bœuf, les calines, le Défruit, l'Eptuspuor, les Innocents, le Jeudi saint, le jour des merveilles, la procession du loup vert, l'obit de la bouteille, la procession de la Fête-Dieu d'Aix, la procession du hareng, la procession noire d'Evreux, la procession de Saint-Paul à Vienne, les Sclaffards, la vache grise*, etc.

titre indique le genre de sujets qu'elles traitaient, ou qu'elles maltraitaient. Saint Bernard et Abeilard ont fait des chansons badines dans leur jeunesse, d'après Bérenger de Poitiers, disciple d'Abeilard.

Pour en revenir aux mystères, on lit dans celui de *Saincte Barbe* : *la femme de joie chante aucune chanson, et le diable est avec elle, elle chante et puis boit.*

Ce que chantait cette femme était évidemment quelque chanson populaire, graveleuse comme on est en droit de le supposer, mais les scribes (généralement des moines) ne daignaient pas inscrire des pièces semblables, quoique ce fussent des chantres d'église qui, concurremment avec les clercs et les moines, étaient chargés de la partie vocale et instrumentale de ces représentations. On trouve encore les indications suivantes : *adoncques se doit resonner une melodye en Paradis,*

> Tunc simul cantant angeli :
>
> O lux beata Trinitas, etc.

Ou bien : *adoncques doibt descendre Dieu de Paradis avecques ses anges, en chantant le plus melodieusement qu'il soit possible.*

Ou encore : *adoncques doivent monter Dieu et ses anges en Paradis, chantant mélodieusement,*

> Tunc cantant angeli simul :
>
> Summe Deus clementiæ
> Mundique factor machini, etc. (1).

On peut voir la musique de tout un mystère (texte latin), celui de *Daniel,* dans le quatrième volume de la *Revue de musique religieuse,* publiée par M. Danjou. Il n'y a jamais de

---

(1) Le *Mistere du vieil Testament*, publié par le baron James de Rothschild, vol. I, p. 9 et suivantes.

morceau à plus d'une voix, mais quelques-uns sont assez prolongés. D'autres fois ce sont de petites répliques comme :

Rex in æ‑ter‑num vi‑ve

L'apparition des Flagellants, au treizième et au quatorzième siècle, est encore une manifestation populaire, à l'occasion des grandes pestes ; des cantiques ou des psalmodies accompagnaient ces funèbres processions. Quelques auteurs allemands croient que c'est là qu'il faut chercher l'origine des *danses des morts*.

La chevalerie et surtout les croisades donnèrent à leur tour une impulsion au chant populaire. La délivrance du saint sépulcre enthousiasmait aussi bien le peuple que les chevaliers ; cette idée donnait satisfaction en même temps à l'esprit guerrier et à l'exaltation religieuse de l'époque.

M. l'abbé Raillard a traduit, d'après les *neumes* (1), un chant de la première croisade, que nous reproduisons. Il faut bien se rendre compte qu'au onzième siècle l'enthousiasme musical, quel qu'il fût, ne pouvait aller au delà du plain-chant.

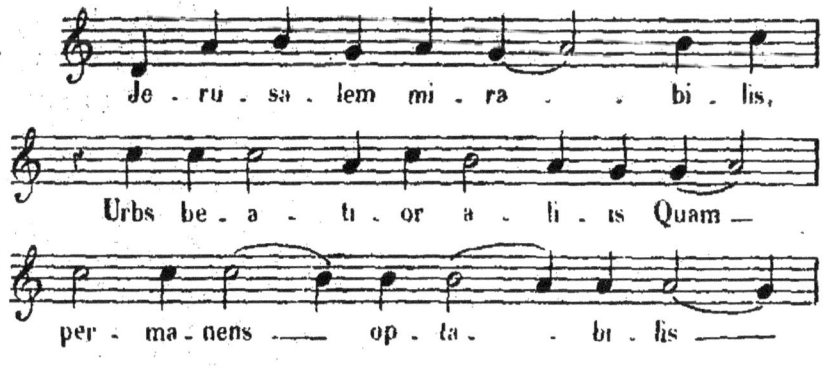

Je‑ru‑sa‑lem mi‑ra‑bi‑lis,
Urbs be‑a‑ti‑or a‑li‑is Quam‑
per‑ma‑nens op‑ta‑bi‑lis

---

(1) *Neumes*, signes de notation musicale qui ont précédé la notation en notes carrées du plain-chant.

gau - den - ti - bus ──── te an - ge - lis. (1)

La célèbre chanson de Roland est un poème, une chanson de geste qui n'a pas moins de dix-huit cents vers, même on en a découvert une version de dix mille vers.

Nous n'avons jamais prêté grande confiance à cette fiction poétique de Robert Wace, qui fait chanter Taillefer au moment de la bataille de Hastings (1066).

> Taillefer qui moult bien cantoit,
> Sur un cheval qui tost alloit,
> Devant le Duc alloit cantant
> De Karlemaine et de Rolland
> Et d'Olivier et des vassaux
> Qui moururent en Ronchevaux.

La plus formidable voix humaine n'aurait pu se faire entendre au milieu des hurlements que poussaient les Normands et les Saxons au moment d'en venir aux mains avec leurs ennemis. Bottée de Toulmon, dans sa petite brochure sur la *Chanson française*, prétend même que Taillefer déclama des fragments de la chanson de geste de Roland, ce qui est encore beaucoup moins admissible.

A la bonne heure qu'on nous parle des soixante mille hautbois de Charlemagne : *sonnez hautbois, sonnez tout ce que l'ost en a. Sitôt soixante mille hautbois se mettent à sonner d'une force que de toutes parts les vallons et les monts y répondent.* (Chanson de Roland.)

L'apparition des trouvères et des troubadours nous a toujours

---

(1) « Jérusalem admirable,
Ville heureuse entre toutes,
Que tu es durable et souhaitable,
Tu fais la joie des anges. »

semblé un complément indispensable, inévitable de la chevalerie. Le bagage poétique qu'ils colportaient dans les châteaux, déjà au treizième siècle, se composait de pièces de vers faites pour un auditoire spécial : ces pièces n'ont jamais passé dans les traditions populaires. C'étaient des *sirventes* (1), des *ballades*, des *rotruenges* (2), des *pastourelles*, des *rondeaux*, des *saluts*, des *complaintes*, des *fabliaux*, des *servantois* (3), des *dits*, des *jeux-partis*, etc. ; enfin ces *lais* interminables, vrais contes chantés, qui duraient plusieurs heures.

Dans la plupart de ces poésies, nos poètes chanteurs célébraient, glorifiaient l'amour et la chevalerie. L'éloge de la femme retentit chez les troubadours français comme chez les *Minnesinger* allemands (4) ; la beauté et les vertus sans pareilles des châtelaines se mêlent, se confondent avec les invocations à la Vierge, aussi exagérées dans leur expression que peu religieuses au fond. Tous ces éloges de dames adorées et *désadorées*, ces *intendios*, ces forfanteries de l'amour, toujours les mêmes, n'ont pas laissé de traces dans le peuple qui n'en a rien connu, par suite rien retenu, tout cela a passé par-dessus sa tête, et il ne s'en est même pas douté (5).

Au point de vue musical les chants des troubadours n'ont rien créé ; nous dirions volontiers, pour nous résumer, que c'était du plain-chant avec des paroles profanes. Certains rythmes exigés

---

(1) Les *Sirventes* n'étaient pas précisément des satires, mais plutôt des railleries, allant jusqu'à des invectives lancées contre un baron qu'on voulait provoquer ou exciter contre un autre.

(2) Les *Rotruenges*, chansons accompagnées avec la *rote*, instrument à archet que l'abbé De la Rue indique comme étant d'origine celtique.

(3) Les *Serventois* avaient assez de rapport avec les Rotruenges.

(4) C'est là une preuve saillante que ce ne sont pas les croisades qui ont donné lieu à cette phase de notre poésie, puisqu'en Orient la femme était, comme elle l'est encore, dans un état voisin de l'esclavage.

(5) Dans les *Instructions relatives aux poésies populaires de la France* (1853), M. Ampère dit : « Les poésies lyriques des troubadours et des trouvères doivent en général, être exclues, parce qu'elles sont un produit de l'art. »

par le texte ne se trouvent certainement pas dans le plain-chant, mais en accordant cela aux chansons des troubadours, il faut bien convenir qu'on n'y trouve que les modalités de l'Église. Ces longues et langoureuses cantilènes, ces lais interminables et monotones n'ont pas survécu aux troubadours eux-mêmes, le peuple dans ses chansons n'en a gardé aucun *timbre,* quoiqu'alors le chant populaire ne pût se mouvoir que dans les mêmes tonalités ; mais les airs du peuple étaient plus courts et mieux rythmés.

Disons aussi qu'en dehors de ce répertoire aristocratique, les *jongleurs* qui accompagnaient généralement les trouvères, à défaut de princes et de barons comme auditoire, ne se refusaient pas de divertir le peuple ; non seulement ils lui servaient un répertoire de satires, de contes et de légendes, mais aussi des chansons fortement épicées, qu'ils n'auraient pas toujours osé produire devant les barons et les châtelaines, malgré une certaine liberté dont ils jouissaient. Ces jongleurs s'accompagnaient ordinairement avec la vielle, un pauvre accompagnement, à coup sûr (1).

Les *Minnesinger* (chanteurs d'amour) de l'Allemagne ont été devancés par les troubadours provençaux. En Allemagne on tenait à la lutte des chanteurs, tandis qu'en France cette lutte

---

(1) Le rôle des instruments était fort borné à l'époque des troubadours, on peut s'en faire une idée d'après la note suivante, reproduite par Aimé Champollion Figeac dans ses *Documents paléographiques relatifs à l'histoire des beaux-arts*, 1868, page 494. Charles d'Orléans (1450) avait entendu : « à Amiens, deux ménestriers avengles qui jouaient du luz (luth) et de la guiterne (guitare). — Puis ceux de Monseigneur le duc de Bourgoigne qui jouaient au dit lieu, ainsi que ceux de Monseigneur de Nevers. — Le tabourin d'Adolphe Monseigneur de Clèves. — Robin Courant et Anthoine Le Bidon, ménestriers de Monseigneur d'Argueil. — Deux hommes, joueurs de guiternes, du pays d'Écosse, qui vont par païs, portans nouvelles de la destruction des Turcs. — Jehan Rognelet, joueur d'instrumens de musique, qui jouoit et chantoit avec sa femme et ses deux enfants plusieurs chansons. — Pierre ou Dieu d'amour, bastelleux, demourant à Champ, qui vint jouer de son mestier devant Monseigneur. Et enfin un joueur d'espartire, un guiterneulx, trois hautz menestriez anglais, et quatre aultres Lombards. »

n'a jamais existé, car nos *jeux-partis,* où l'on défendait et où l'on argumentait sur des questions d'amour devant une *cour d'amour,* n'avaient rien de musical ni de chantant.

En Allemagne le cycle des *Minnesinger* a été suivi par celui des *Meistersänger* (maîtres chanteurs) : c'était la bourgeoisie et le compagnonage aux prises avec la poésie. La première école des maîtres chanteurs a dû être celle que Frauenlob rassembla autour de lui à Mayence. Ces écoles ne se répandirent que vers le milieu du quatorzième siècle, bien plus dans le sud que dans le nord de l'Allemagne. Les *Meistersänger* traitaient généralement un sujet de la Bible, ou au moins un thème pieux, comme l'éloge de la Vierge. C'est ce qui se pratiquait encore du temps de Luther, où l'on paraphrasait un sujet tiré de l'Écriture sainte, de la vie de Jésus, de Marie, ou bien concernant l'ange Gabriel, etc. Les *Meistersänger* ont maintenu ce genre de paraphrases dans leurs élucubrations chantées, tout en le gâtant, comme l'observe Herder (1).

Quand un maître chanteur avait inventé un air, sa grande préoccupation était de lui donner un titre ; or, ces titres étaient des plus bizarres : l'air des demoiselles (*Iungfrauweiss*) ; l'air des baies (*Beerweis*) ; l'air de l'encre noire (*Schwarz Tintenweiss*) ; l'air des escargots (*Schneckenweiss*) ; l'air du papier à écrire (*Schreibpapierweiss*) ; l'air abrégé des singes (*Kurzaffenweiss*) ; l'air des gloutons (*Vielfrassweiss*) ; l'air rayé de la fleur de safran (*Gestraifte Safran Blümleinweiss*) ; l'air de l'arc de Cupidon (*Cupidini's Handbogenweiss*) ; l'air du trombone de Clius (Clio?) (*Clius Posaunenweiss*) ; l'air fidèle du pélican (*Treue Pelicanweiss*) ; l'air des veaux (*Kälberweiss*) ; l'air triste du pain mollet (*Traurige Semmelweiss*) ; l'air de la plainte passionnée d'Orphée (*Orphei sehnliche Klageweiss*) ; l'air joyeux des étudiants (*Fröhliche Studentenweiss*) ; l'air matois du renard

---

(1) Herder, *Voix des peuples en chansons,* préface.

(*Verschalkte Fuchsweiss*); l'air du gras blaireau (*Fett Dachs weiss*); le ton délirant (*Verwirrte Ton*); le ton bref (*Kurze Ton*); le ton allongé (*Lange Ton*); le ton extra-tendre (*Überzarte Ton*), etc.

La plupart de ces productions des maîtres chanteurs sont anti-poétiques et anti-musicales. Telle est l'opinion de Goethe quand il recommande aux éditeurs du *Wunderhorn* (1) de laisser de côté dans leurs futures publications le *sing-sang* (les flonflons) des *minnesänger* et les platitudes des maîtres chanteurs.

Les corporations allemandes exerçaient le *Meistergesang* de la même façon qu'on exerce un métier quelconque : tout était fixé, réglé, prévu d'avance, la longueur, la largeur et la hauteur des mélodies, comme pour un bâtiment : il en était absolument de même pour leurs vers. Si l'on dépassait d'un centième de pouce les mesures fixées, les *marqueurs* étaient là qui inscrivaient la faute. A mesure que la musique progressait, au dix-septième et au dix-huitième siècle, à mesure les maîtres chanteurs déclinaient, ils ont fini par être aussi éloignés de ce qu'on appelle un musicien que Nourrit ou Duprez l'étaient d'un chantre de village : bref, les maîtres chanteurs, tout en ayant eu la vie dure, se sont éteints dans leur ignorance.

Ce même esprit de corporation et de réglementation a considérablement retardé en France le développement de la musique instrumentale, depuis la fondation de la confrérie de *Saint-Julien des Ménestriers* en 1331 jusqu'à la suppression du *Roi des violons* en 1773.

Si les productions des troubadours et des *Minnesinger* ne peuvent revendiquer aucune influence musicale, le chant populaire de son côté ne leur a nulle obligation, c'est même surtout lorsque ces manifestations musico-littéraires, mais peu artisti-

---

(1) *Des Knaben Wunderhorn*, le cor magique de l'adolescent, recueil d'anciennes chansons populaires allemandes.

ques, eurent fini leur temps que la chanson populaire prit de nouveau son essor, à partir du quinzième siècle, et plus particulièrement au seizième. C'est alors que la chanson est sur son vrai terrain, qu'elle se répand universellement depuis le peuple jusqu'aux princes, du chanteur ambulant au noble chevalier, du moine au guerrier, qu'elle brille surtout en France. Ces chansons de toute sorte, religieuses, satiriques, descriptives, érotiques, historiques, sorties du peuple, ont évidemment contribué à faire oublier les anciens chants légendaires non écrits, qui pouvaient encore exister dans la tradition, mais qu'on ne comprenait plus.

Il faut reconnaître qu'il eût été difficile de nous conserver les anciennes chansons par l'écriture, la notation musicale avec des portées ne datant guère que du onzième siècle ; d'ailleurs les *neumes,* qui ont précédé cette notation, se prêtaient peu à la transcription de rythmes multiples comme ceux de la chanson populaire, et puis les moines, qui pratiquaient à peu près seuls l'écriture, n'avaient sans doute qu'une médiocre envie de reproduire des chansons profanes, souvent fort légères, contre lesquelles ils se déchaînaient dans leurs sermons.

Dans le courant des quatorzième et quinzième siècles les cantiques et les noëls ont dû se faire jour, par l'action du clergé, pour contre-balancer les chansons grivoises, scandaleuses et obscènes dont le peuple ne s'est jamais fait faute. On mit des textes pieux sur les anciens airs, et le peuple qui aime la nouveauté, adopta ces transformations sans trop de répugnance.

Plus tard Luther procéda d'une façon analogue, en se servant d'anciennes hymnes qu'il transformait en cantiques : pour n'en citer qu'un exemple, *Christus ist erstanden,* le Christ est ressuscité, l'un des plus célèbres chants de la Réforme, est appliqué sur un plain-chant du douzième siècle, remanié par Luther. En cela il a été imité par la plupart des poètes de la Réforme. Au reste, cette manière de faire du sacré avec du profane s'est conservée jusqu'à nos jours.

La Réforme fit éclore une quantité prodigieuse de cantiques, surtout en Allemagne, car en France nous n'avions alors que les psaumes de Clément Marot et Théodore de Bèze, alternativement adoptés par les catholiques et par les protestants. La chanson populaire profane subit ici un temps d'arrêt; tout l'intérêt était absorbé par la guerre religieuse : chansons pour la Réforme, satires contre la Réforme. Le peuple d'ailleurs commence à humer un avant-goût de liberté, la classe des seigneurs perd de sa prédominance, et le peuple cherche à monter, pour se rapprocher davantage de la couche supérieure.

Les *puys de musique, les puys de palinods* ou concours de chant pieux ont fait leur temps : des poètes de talent comme Villon, Ronsard, Marot, Baïf, Du Bellay apparaissent, mais leurs œuvres ne s'adressent qu'à des lecteurs d'une certaine instruction, et s'éloignent complètement de la chanson populaire qui, à cette nouvelle phase poétique, resta isolée dans le peuple. De leur côté ces nouvelles poésies exigeaient de la musique nouvelle, et comme la science harmonique avait fait quelques progrès, on vit paraître en France les madrigaux, les villanelles, surtout les chansons à quatre parties, *pouvant être chantées ou jouées sur divers instruments,* conceptions artistiques, auxquelles le peuple ne fut nullement mêlé, pas plus qu'il ne l'avait été aux réunions de Baïf, sous Charles IX, réunions où l'on avait la prétention de ne faire que de la musique savante.

Les vaudevilles satiriques de la Fronde, les mazarinades et les chansons de la Régence n'étaient faits que pour les gens des villes, surtout pour ceux de Paris; le reste du peuple français, principalement celui de la campagne, en attrapait par-ci par-là quelques bribes qu'il ne comprenait pas trop bien, et que, par suite, il arrangeait à sa façon.

La célèbre *chanson de Malbrough,* dont on n'a jamais pu

expliquer la naissance, puisqu'elle ne se rapporte en rien au duc de Marlborough, est aussi un de ces enfantements singuliers : nous en parlerons plus loin.

La Révolution ayant balayé les *vaudevilles satiriques*, les *noëls de cour* et les *bergeries*, leur substitua les chants patriotiques ; mais ce genre spécial, qui n'est vrai qu'autant que les événements surexcitent l'imagination populaire, devient facilement plat, poncif, en temps de calme, quelquefois ridicule, au moins fanfaron en temps de paix.

On s'est étonné souvent de voir la chanson populaire (celle créée dans le peuple) avoir la vie aussi dure et traverser des siècles, sauf quelques modifications. La tradition orale est donc bien puissante, bien résistante? Elle devait l'être forcément dans une classe de la société qui sentait bien que c'était là sa seule littérature ! Cela est si vrai que depuis la diffusion de l'instruction dans le peuple, surtout depuis qu'on écrit et qu'on publie ces chansons, la tradition orale diminue, et tend à disparaître de jour en jour.

On ne saurait trop insister sur la différence caractéristique qui existe entre les chansons des villes et celles de la campagne. Il faut bien admettre qu'en dehors de l'éducation scolaire du peuple de la campagne, il y a chez lui une poétique spéciale, des aspirations et des expressions qui lui sont propres. Cette vie continuelle en face de la nature, ces occupations manuelles qui exigent bien la force du corps, mais qui ne demandent pas une grande tension d'esprit, laissent l'imagination libre d'enfanter durant le travail des légendes bizarres, d'évoquer des personnages fantastiques, habitant les sites pittoresques ou sauvages qui entourent l'homme des champs.

A une telle mise en scène il faut d'autres personnages qu'aux gens de la ville, qui ne voient que des maisons, des rues pavées où roulent des voitures, où piétine la foule, et où passe parfois un régiment... tout cela avec un bout de ciel si étriqué, qu'on ne saurait prévoir s'il fera beau temps ou s'il pleuvra.

Dans le grand décor de la nature : plaines, forêts, rochers, vallons et lacs, il est assez naturel qu'on entende :

ou bien :

La *femme du roulier* est un sujet poignant, et si nous donnons cette pièce, c'est pour affirmer que lorsque le sujet d'une chanson touche une corde dramatique, il est rare que la musique ou l'air soit à la hauteur, non pas des paroles, mais de la pensée. Cette pauvre femme du roulier finit par trouver son ivrogne de mari dans une auberge, où il est à godailler avec une servante. La femme retourne chez elle et dit à ses enfants qu'ils n'ont plus de père. C'est là qu'une morale cruelle, même brutale, vient combler la misère de cette pauvre femme, car les enfants répondent :

Eh bien ! ma mère,
Not'père est un libertin,
Il se nomme sans gêne ;
Nous sommes ses enfants,
Tireli,
Nous ferons tous de même.

Le *coupeur de blé* qui suit, recueilli en Bretagne, n'atteint pas la corde dramatique, aussi l'air est-il en harmonie avec ce sujet qui ne dépasse point la mélancolie.

Une autre différence entre l'air populaire et la chanson musicale, c'est que cette dernière continue sa marche ascensionnelle vers la perfection, tout en ayant des intermittences, tandis que la chanson populaire reste stationnaire, et ne donne généralement à la suite des siècles qu'un habit nouveau à ses anciens refrains. La production nouvelle est toujours entée, modelée sur la forme ancienne : ce sont plutôt des transformations que des créations.

Dans les villes, où la chanson musicale règne en souveraine, la chanson populaire ne paraît qu'à titre de curiosité, plus spécialement dans les ateliers de peinture.

Heureusement qu'il a existé de tout temps de braves chercheurs qui, le sac au dos, vont à la découverte de la chanson, qui s'égarent dans les villages clairsemés de la plaine immense, ou sur les hauteurs les moins visitées par les voyageurs, mais où quelques cabanes, quelques métairies sont plantées au coin d'un bouquet d'arbres. C'est dans ces coins isolés qu'il faut aller chercher la chanson populaire, qui se garde bien de venir à vous, mais qui se cache le plus qu'elle peut. Et puis, quand on est parvenu à découvrir un de ces nids, où l'on chante encore, que de précautions à prendre pour ne pas effaroucher les chanteuses, qui d'abord déclarent invariablement qu'elles ne se rappellent plus rien, qu'elles ont oublié tout ou à peu près; par exemple on ne prétexte jamais un rhume, cette excuse est inconnue. Ce n'est qu'après connaissance faite, et même souvent après qu'on a chanté soi-même d'abord quelque production du pays ou des environs, que les chanteuses prennent courage et finissent par se désintimider. Une fois en train, par exemple, elles vous en chantent, elles vous en dégoisent, au point qu'on ne sait plus comment les arrêter, et qu'on est obligé de préparer, de ruminer quelque bonne raison honnête pour les faire taire. Il en était ainsi au temps passé, mais aujourd'hui les choses sont bien changées.

Le positivisme, le scepticisme ont envahi toutes les classes de la société, y compris la classe populaire, où il ne faut plus chercher la *naïveté*, l'un des caractères les plus saillants de la véritable chanson populaire. Le niveau s'étend tous les jours de plus en plus, et le peuple de la campagne, comme celui des villes, rougit des bonnes vieilles chansons de nos aïeux, qui ne sont plus de mode, et qui ont été remplacées par les ineptes rhapsodies, les immorales bêtises des *cafés-concerts*.

La croyance étant morte, les légendes les plus touchantes, les plus dramatiques, ne donnent plus le frisson, elles font sourire de pitié... Et quant à cet esprit du peuple, au point de vue de la chanson populaire, l'Allemagne en est où nous en sommes : tous ses écrivains actuels en conviennent ; c'est le cas de dire avec l'historien Josèphe : *les dieux s'en vont!*

CHAPITRE II.

LA CHANSON DANS L'HISTOIRE.

Il est rare, en France, que la chanson historique n'ait une pointe de satire ; ce double caractère, si fréquent, nous oblige en quelque sorte de joindre en un même chapitre la chanson historique à la chanson satirique.

Au douzième siècle, Richard Cœur de Lion chante sa captivité ; au treizième le châtelain de Coucy versifie ses amours pour la dame de Fayel. Thibault, comte de Champagne et roi de Navarre, se révèle comme un de nos meilleurs troubadours.

A cette même époque se rapportent les chansons sur la *révolte des barons* et les pièces rimées de Colin Muset.

Au quatorzième siècle, apparaissent les *Flagellants*, ces bizarres pénitents, dont la secte était née en Italie, mais dont la repoussante forme pénitentielle se propagea en Allemagne comme en France. Voici la seconde partie d'un de leurs cantiques :

1349.

Ave, Regina pure et gente,
Tres haulte, ave, maris Stella !
Ave, precieuse jovante (1),
Lune où Dieux s'esconsa (2).

Ave, saincte glorieuse ente (3)
Ave, tu plena gracia ;
Faictes finer, rose excellente,
Le mortuaire (4) qui ores va.

O créeresse de créature,
Qui oncques ne fustes créé,

---

(1) Jeune femme. — (2) Se cacha. — (3) Greffe. — (4) Mortalité.

Défendez-nous de grief morsure,
Sire Dieux, et vous asrenez (1).

Hée! doulce royaulx vierge et pure
Priez que pour nous soit pitez (2),
Au peuple laissiez l'œuvre obscure
De péchié si vous amendez.

Nous te prions, Vierge louée,
En ceste penance (3) faisant
Pour toute creature née
Et requiers ton père et enfant.

Que cest mortaire soit destournée,
Et saint Esperit voist régnant,
Et nos cuers par humble pensée,
Car d'ayde avons mestier grand (4).

Se ne fust la vierge Marie
Le siècle fust pieça perdus,
Batons noz chars (5) plaines d'envie,
Batons d'orgueil plus et plus.

Pour paresse et pour gloutonnie
Et pour ire qui het vertus,
Pour avarice et lecherie (6)
Et pour tous pechiez deceus.

En démonstrant signifiance
Que tous nous convendra morir,
Et en terre en très grant witance (7)
No pécheresse char pourrir.

Enfin de nostre pénitance
Nous fault à genoulx revenir;
Tous mourrons c'est la remembrance
Qui nous fait tierce fois chéir.

Jhésu, ainsi comme devant
Relevons-nous la tierce fois,
Et louons Dieux à nulx genoulx
Jointes mains tenons l'escourgie (8).

---

(1) Rassérénez. — (2) Miséricordieux. — (3) Pénitence. — (4) Grand besoin. — (5) Chair. — (6) Gourmandise. — (7) Vivement. — (8) Le fouet.

Crémons Dieu, aions les cuers doulx,
Et chantons à la départie,
Grâce Dieu, car elle est en nous ;
Prions pour l'umaine lignie,
Baisons la terre, levons-nous (1).

Le grand poète Eustache Deschamps vécut au quatorzième siècle.

Au quinzième paraît Christine de Pisan, la célèbre poétesse. La pauvre France, envahie et dévastée par l'étranger, essaie de se consoler avec des chansons, en attendant sa délivrance bien éloignée encore.

En 1415, Henry V, roi d'Angleterre et de France, débarqua sur nos côtes et alla mettre le siège devant Harfleur. Cette ville se défendit vaillamment, mais le roi la prit et en déporta les habitants. Le manuscrit de Bayeux (2) nous fournit là-dessus la chanson suivante :

Le roy anglois se faisoit appeller
Le roy de France pour s'appellation,
Il a voullu hors du païs mener
Les bons francoys hors de leur nation.

---

(1) *Leroux de Lincy, Recueil des chants historiques français* ; vol. I, p. 233 et suiv.
(2) Manuscrit de Bayeux, Bibliothèque nationale n° 5594, supplément français. Dans notre transcription la valeur des notes est dédoublée.

Or est il mort à Sainct Fiacre en
Bry - e; (1) Du païs de France
ils sont tous dé- bou- tez, Il n'est plus
mot de ces an- gloys cou - ez! (2) Maul dic- te
soit tres tou- te sa li- gny- - e.

Ils ont chargé l'artellerie sur mer,
Force biscuit et chascun ung bidon,
Et par la mer jusqu'en Bisquaye aller
Pour couronner leur petit roy Godon (3).
Maiz leur effort n'est rien que moquerie.
Cappitaine Prégent (4) lez a si bien frotez
Qu'ilz ont estez en ter's et en mer enfondrez :
Que mauldicte en soit trestoute la lignye!

---

(1) La chanson, ainsi qu'il lui arrive parfois, commet ici un anachronisme :
Henry V est mort à Vincennes en 1422.

(2) *Couez*, de *coue*, queue ; les Anglais en portaient.

(3) Godon, *goddam*.

(4) L'amiral Prégent de Coétivi est encore nommé dans la chanson suivante, publiée par M. Pericaud :

> Nous estions troys galans
> De Lyon la bonne ville,
> Nous en allons sur mer,
> N'avons ne croix ne pile.
>
> La bise nous faict mal,
> Le vent nous est contraire,
> Nous a chassé si loing
> Dedans la mer salée.
>
> Voicy venir Preian
> A toutes ses galères :

Nous citerons encore parmi les *sirventes* contre les Anglais la pièce suivante, faite à l'occasion du siège de Pontoise :

> Entre vous, Anglais et Normans,
> Estans léans dedans Pontoise,
> Fuyez-vous-en, prenez les champs,
> Oubliez la rivière d'Oise,
> Et retournez à la cervoise (1)
> De quoy vous estes tous nourris,
> Sanglans, meseaux (2), puants, pourris (3).

Un couplet, souvent cité par les historiens et surtout propagé par maint recueil manuscrit, parle du Dauphin, depuis Charles VII, trop épris des charmes d'Agnès Sorel, et ne songeant pas assez à délivrer son royaume, inondé d'Anglais. D'autres écrivains soutiennent, au contraire, qu'Agnès Sorel était patriote, et que ce fut elle qui engagea Charles VII à secouer sa torpeur et à défendre la France. Quoi qu'il en soit, voici ce

> « Or, vous rendez, enfans
> De Lyon la bonne ville ! »
>
> Ne ferons pas pour toy
> Ny pour toutes tes galères,
> Nous nous rendons à Dieu,
> A la Vierge Marie,
>
> Monsieur sainct Nicolas,
> Madame saincte Barbe,
> Rossignolet du boys,
> Va t'en dire à ma mye :
>
> L'or et l'argent que j'ay
> En sera trésorière,
> De troys châteaux que j'ay
> Aura la seigneurie ;
>
> L'ung est delans Milan,
> L'aultre en Picardie,
> L'aultre dedans mon cœur,
> Mais je n'ose le dire.

---

(1) *Cervoise*, mélange de bière et d'eau.
(2) *Meseaux*, lépreux.
(3) Pontoise a été assiégée par les Anglais en 1441.

qu'on était censé chanter sur un ancien carillon, car ni l'air ni les paroles ne sont du temps de Charles VII :

Mes amis, que reste-t-il A ce dauphin si gentil ? Orléans, Beaugency, Notre Dame de Cléry, Vendôme, Vendôme. (1)

Charles d'Orléans, le dernier des troubadours français, illustra le quinzième siècle ; ses chansons furent composées en grande partie durant sa captivité en Angleterre. Ajoutons encore le nom des poètes Molinet et Guillaume Coquillart.

On ne chansonna pas beaucoup Louis XI, on le craignait trop pour cela, mais on se rejetait volontiers sur ses victimes. La strophe sur le cardinal de la Balue, enfermé dans une cage de fer, semble être du temps, mais l'air nous manque :

---

(1) Ce carillon a été utilisé fort souvent par les chansonniers. En 1695 Villeroi se laissa tromper par Guillaume III, qui vint assiéger Namur ; c'est à cette occasion qu'on fit le couplet suivant, cité par *La Harpe* :

> Villeroi
> Villeroi
> A fort bien servi le roi
> Guillaume,
> Guillaume.

C'est toujours sur le même air qu'on trouve au commencement du dix-septième siècle le couplet :

> Savoyards, Allemands,
> Qui vous rend si mécontents ?
> Vendôme,
> Vendôme.

Maistre Jean Ballue
A perdu la vue
De ses eveschez :
Monsieur de Verdun
N'en a plus pas un,
Tous sont depeschez (1468).

La bataille de Marignan, gagnée par François Ier (1515) a été chantée par maint poète du temps ; on trouve dans les œuvres d'Alione d'Asti une *chanson des suyces sur la bataille de Marignan et sur le teneur* (le timbre) de : *Venez au pont des pierres Brughelins et Gantois ;* malheureusement nous ne possédons pas cet air. Par contre on connaît fort bien la curieuse composition à quatre voix de Clément Jannequin intitulée *la Guerre,* également sur la bataille de Marignan, remarquable pièce de musique imitative, à laquelle Verdelot ajouta une cinquième partie (1). La chanson suivante est une production de quelque soldat aventurier qui se trouvait parmi les combattants :

Le roy s'en va delà les mons, (*bis*)
Il menra force piétons,
Ils iront à grant peine,
L'alaine, l'alaine, me fault l'alaine.

Les Espagnols, nous vous lairrons, (*bis*)
Le roy de France servirons,
Nous en avons la peine,
L'alaine, etc.

A noz maizons a ung mouton, (*bis*)
Tondre le fault en la saison
Pour en avoir la laine,
L'alaine, etc.

M'amie avoit nom Jhaneton, (*bis*)
Elle avoit un si joly c...
Point n'y avoit de laine ;
L'alaine, etc.

---

(1) *Le dixième livre contenant la bataille à quatre de Clément Jannequin, avec la cinquième partie de Phil. Verdelot (si placet)* etc. Anvers, Tilmann Susato 1545. (Bibliothèque nationale.)

> Celuy qui fist ceste chanson (*bis*)
> Ce fust un gentil compagnon
> Vestu de laine,
> L'alaine, l'alaine, m'y fault l'alaine.

Le siège de Mézières par l'armée de Charles-Quint, en 1521, a eu l'honneur de plusieurs chansons ; la ville était défendue par Bayard, et ne fut point prise (1).

On chansonna aussi Hesdin, emportée d'assaut par MM. de Bourbon et de Vendôme.

La bataille de Pavie (1525) perdue par François Ier que les Espagnols firent prisonnier, s'est conservée dans les archives légendaires de la France par cinq ou six chansons, dont la plus connue est :

> Hélas ! la Palice est mort,
> Il est mort devant Pavie :
> Hélas ! s'il n'estoit pas mort
> Il seroit encore en vie (2).

> Quant le roy partit de France,
> A la malheur il partit,
> Il en partit le dimanche,
> Et le lundy il fut pri·

> Il en partit, etc.
> — Rens, rens toy, roy de France,
> Rens toy donc, car tu es pris. —

> Rens, etc.
> « Je ne suis point roy de France,
> Vous ne savez qui je suis. »

---

(1) Leroux de Lincy donne cinq chansons sur le siège de Mézières, dans ses *Chansons historiques*, vol. II, p. 68 et suiv.

(2) La naïveté de ce premier couplet semble avoir inspiré la chanson de *Monsieur de la Palisse*, faite vers la fin du dix-huitième siècle, par Bernard de la Monnoye. Selon nous, ce premier couplet ne fait point partie de cette chanson sur la bataille de Pavie ; ni sa tournure d'esprit ni la coupe rythmique de ses vers ne ressemblent en rien à ce qui suit, en un mot le même air ne pourrait s'appliquer à ce couplet et à ceux qui suivent.

« Je ne suis, etc.
Je suis pauvre gentilhomme,
Qui s'en va par le pays. »

Je suis, etc.
Regardèrent à sa casaque,
Avisèrent trois fleurs de lys.

Regardèrent, etc.
Regardèrent à son espée,
Françoys ils virent escry.

Regardèrent, etc.
Ils le prirent et le menèrent
Droit au château de Madrid.

Ils le prirent, etc.
Et le mirent dans une chambre
Qu'on ne voiroit jour ne nuit.

Et le mirent, etc.
Que par une petite fenestre
Qu'estoit au chevet du lict.

Que par, etc.
Regardant par la fenestre,
Un courrier par là passit.

Regardant, etc.
« Courrier qui porte lettre,
Que dit-on du roy à Paris? »

Courrier, etc.
— Par ma foy, mon gentilhomme,
On ne sait s'il est mort ou vif. —

Par ma foy, etc.
« Courrier qui porte lettre,
Retourne t'en à Paris,

« Courrier, etc.
Et va-t'en dire à ma mère,
Va dire à Montmorency,

« Et va-t'en, etc.
Qu'on fasse battre monnoie
Aux quatre coins de Paris.

« Qu'on fasse, etc.
S'il n'y a de l'or en France,
Qu'on en prenne à Saint-Denis.

« S'il n'y a, etc.
Que le dauphin en amène,
Et mon petit fils Henry.

« Que le dauphin, etc.
Et à mon cousin de Guise
Qu'il vienne icy me requery,

« Et à mon cousin, etc. »
Pas plus tôt dit la parolle
Que Monsieur de Guise arrivy (1).

On fit plusieurs chansons sur la mort du connétable de Bourbon (1527), quelques-unes aussi sur le siège de Péronne (1536).

Les adieux de Marie-Stuart à la France ont été conservés par Brantôme, sous ce titre : *Chanson nouvelle faicte sur le departement de la royne d'Escosse, disant adieu à son père et à tous ses amys; Et se chante sur le chant de : Vienne qui pourra venir, il ne m'en chault quoy ne comment* (timbre perdu).

1537

Adieu mon père, mon amy,
Adieu le noble roy François,
Donné vous m'avés un mary,
Le prince et roy des Escossois,
Aller m'en fault a ceste fois
Hors du païs,
Puisque m'avés donné mary.

La chanson finit ainsi :

Les regrets que j'ay au païs
D'aller parmy les Escossois,

---

(1) Leroux de Lincy, *Chansons historiques*, vol. II, p. 92.

Je n'y entents mot ne demy,
Sinon de parler bon françois.
Quant je y pense maintes fois,
Je ditzt ainsi :
Adieu mon père et mon amy.

Je prie à Dieu de paradis
Qu'il vueille apaiser la fureur,
Que tous royaumes soient unis,
Qu'il vueille amodérer le cueur
Du roy de France et l'empereur,
Soient bons amys :
Dieu nous doint à tous paradis (1).

Cette chanson, presque politique vers la fin, est loin d'avoir la grâce d'une autre pièce, également attribuée à Marie-Stuart, sur la mort de François II :

Las ! en mon doux printemps
Et fleur de ma jeunesse
Toutes les peines sens
D'une extrême tristesse,
Et en rien n'ay plaisir
Qu'en regret et desir.

La seconde moitié du seizième siècle est envahie par les chansons huguenotes, comme par exemple celle des *Gras tondus*, sur l'air *Lætabundus,* une séquence qu'on trouve dans tous les missels romains-français ; elle a été pendant longtemps attri-

---

(1) Il y a un pastiche, beaucoup plus connu que la vraie chanson que nous venons de citer :

Adieu, plaisant pays de France,
. . . .
La nef qui disjoint nos amours
N'a ci de moi que la moitié,
Une part te reste, elle est tienne,
Je la fie à ton amitié,
Pour que de l'autre il te souvienne.

Meusnier de Querlon fit ce pastiche pour *l'Anthologie française*, 3 volumes publiés par Monet, en 1765. Cet ouvrage a répandu dans le public lettré (qui les a acceptés) nombre de pastiches de ce genre. Les paroliers de Niedermeyer, dans l'opéra de *Marie Stuart*, ont eu soin de se servir du texte de Meusnier de Querlon.

buée à saint Bernard; Dom Guéranger l'a rencontrée dans un manuscrit du onzième siècle (1).

1

O gras tondus,
Mal avez été secourus :
Longtemps y a.
Vos grans abus
On le verra.

2

Vostre autel est ruiné,
Vostre règne est bien miné,
Il tombera.
Papistes, pharisiens,
Vostre antechrist et les siens
Trebuchera.

3

Tout sorbonique pion,
Son beau liripipion
Desposera.
Rien n'y vaudront les ergotz
Rien n'y feront leurs fagotz,
Christ règnera.

4

Vostre orgueil sera puny,
Et la beste de son nid
Desjonchera.
L'évangile que haïssez,
Quand aurez fait plus qu'assez
Demourera.

5

Vous l'avez long-temps banny,
Mais puisqu'il est reveny,
Vostre joly pain benict
Se moysira.
Messieurs les Coquibus,

---

(1) *Chants liturgiques d'Adam de la Bassée,* par l'abbé Carnel, 1858, page 27.

Que dira-on des abus
Dont amassez du quibus?
On en rira.

6

Savez-vous qu'on vous fera?
On vous deschassera,
Et Dieu à la fin vous punira;
En Jésus on croira,
Son règne florira,
Et vostre Antechrist confus sera.

Le siège de Metz en 1552 a fait naître une suite de chansons, et la Ligue en a fourni une avalanche, dont rien n'est resté dans les traditions populaires ; c'étaient, à vrai dire, plutôt des pamphlets qu'autre chose.

C'est surtout à partir des guerres civiles et des guerres religieuses du seizième siècle que la chanson licencieuse envahit la cour et la ville : les recueils manuscrits en fourmillent, et quoique dans ces derniers temps on en ait fait paraître un certain nombre, la plupart sont d'une telle obscénité, d'un tel cynisme, qu'aucun gouvernement n'en pourra jamais autoriser la publication. Ces recueils portent le titre de *chansons anecdotes* ou *noëls de cour*.

La *Satyre Ménippée*, à laquelle collaborèrent cependant deux poètes, Passerat et Rapin, n'a rien donné à garder à l'immense chansonnier populaire français. Une pièce sur la mort du duc de Guise, tué en 1563 par Poltrot de Méré, est reproduite avec l'air dans les *Pièces intéressantes et peu connues*, t. III p. 247 (1). Cette chanson est curieuse, en ce qu'elle renferme le patron de la chanson de *Malbrough*, devenue populaire à partir de 1781.

Si le parolier de la chanson de Malbrough a utilisé l'idée et le texte de celle du duc de Guise, il n'en a pas été de même pour l'air, comme on va voir : la coupe des vers ne se ressemble

---

(1) Les *Pièces intéressantes et peu connues, pour servir à l'histoire et à la littérature*, ont été publiées en 1785 par de la Place. 8 vol. in-12.

nullement, et le même air n'aurait pu servir aux deux textes :

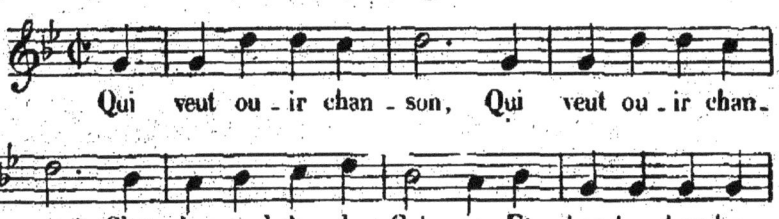

Qui veut ou-ir chan-son, Qui veut ou-ir chan-son? C'est le grand duc de Gui-se, Et bon bon bon bon di dan di dan bon, qu'est mort et en-ter-ré.

Qu'est mort et enterré, (*bis*)
Aux quatre coins du poêle,
Et bon bon bon bon,
Di dan di dan bon
Quat' gentilshom's y'avait.

Quat' gentilshom's y'avait, (*bis*)
Dont l'un portait son casque,
Et bon, etc.
Et l'aut' ses pistolets.

Et l'aut' ses pistolets, (*bis*)
Et l'autre son épée,
Et bon, etc.
Qu'a tant d'Hug'nots tué.

Qu'a tant d'Hug'nots tué, (*bis*)
Venoit le quatrième,
Et bon, etc.
Qu'étoit le plus dolent.

Qu'étoit le plus dolent, (*bis*)
Après venoient ses pages,
Et bon, etc.
Et les valets de pied.

Et les valets de pied, (*bis*)
Avecque de grands crêpes,
Et bon, etc.
Et des souliers cirés.

Et des souliers cirés, (*bis*)
Et des beaux bas d'estame,

Et bon, etc.
Et des culott's de piau.

Et des culott's de piau, (bis)
La cérémonie faite,
Et bon, etc.
Chacun s'alla coucher.

Chacun s'alla coucher, (bis)
Les uns avec leurs femmes,
Et bon, etc.
Et les autres tout seuls.

L'air de *Vive Henry IV* est cité par Dumersan, Castil Blaze et d'autres écrivains, comme étant le même que les *Tricotets*, sur lesquels on aurait appliqué les paroles : c'est une erreur bien facile à rectifier, preuves en main. Voici l'air des *Tricotets* (1).

La véritable origine de *Vive Henry IV* est l'air de la *Cassandre* (2), imprimé en toutes notes dans *l'Orchésographie de Thoinot Arbeau*, 1588.

Afin de rendre la comparaison plus saillante, nous donnons

---

(1) L'air des *Tricotets* se trouve noté dans le second volume des *Rondes et Chansons à danser*, publiées par Ballard en 1724, page 191. Cet air est également dans les *Parodies nouvelles et Vaudevilles inconnus*, p. 32. Ballard, 1730 ; in-4° obl. Il y a peu de recueils de *chansons anecdotes* manuscrites où les *Tricotets* ne soient notés, et toujours de même, ainsi que nous les donnons.

(2) Ronsard, dans plusieurs de ses pièces de poésie, chante une maîtresse sous le nom de Cassandre, mais nous ne pensons pas que ce soit là qu'il faille chercher l'origine de la chanson de Cassandre ; ces chansons de Ronsard ne peuvent s'adapter à cet air

les deux airs en regard, en observant toutefois que l'air de *Cassandre* dans l'*Orchésographie* commence ainsi :

mais les trois premiers *ut* doivent être des *ré;* c'est évidemment une faute d'impression, car l'air est bien en ré mineur, ton dans lequel il finit.

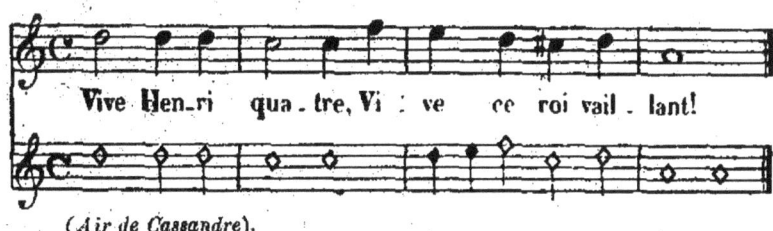

(*Air de Cassandre*).

On lit dans les *Curiosités historiques de la musique* par Fétis : « Tout le monde connaît la romance *Charmante Gabrielle;*

---

(1) Le premier couplet a été fait probablement tout au commencement du 17e siècle ; le second couplet fut ajouté au commencement du règne de Louis XVI ; les autres couplets sont de Collé.

l'air n'est point de Henri, comme on l'a cru; Du Caurroy en est l'auteur (1). »

C'est court, clair et net, mais on aimerait en avoir quelque petite preuve, si mince qu'elle fût.

Les œuvres qui nous restent de Du Caurroy sont, comme celles de ses contemporains, des chansons à quatre ou à cinq parties en style de contre-point.

Ajoutons que Fétis, dans sa nouvelle édition de la *Biographie des musiciens* avoue qu'il n'est pas certain que Du Caurroy soit l'auteur de *Charmante Gabrielle*. Ce sont de ces fantaisies de l'imagination que l'historien devrait s'interdire, dont l'abus a été poussé à l'extrême dans les écrits de Castil Blaze, où il est bon de vérifier tout à nouveau.

Parmi les chansons sur Henry IV, données par Leroux de Lincy, se trouve la suivante, bien connue d'ailleurs par sa grâce charmante; elle est anonyme, mais c'est évidemment l'œuvre d'un vrai poète :

Chanson nouvelle sur la réjouyssance des bons François, à l'honneur du roy de France et de Navarre.

Et se chante sur le chant : *Montmorency, te souvienne de Pienne.*

> Voicy la saison plaisante,
>   Florissante,
> Que le beau printemps conduict;
> Voicy le soleil qui chasse
>   Froide glace,
> Voicy l'esté qui le suit.
>
> Voicy l'amoureux Zéphire
>   Qui souspire
> Parmi les sentes des fleurs;

---

(1) Un renseignement aussi précis nous avait séduit, en publiant notre 1er vol. des *Échos du temps passé*, où cette erreur est reproduite. Dans ce même volume on trouvera, p. 44, l'origine du refrain *Cruelle départie*.

Voicy Flora sa mignonne,
    Qui luy donne
Un baiser tout plein d'odeurs.

Voicy Pomona la belle,
    Qui près d'elle
Voit son amy Vertumnus ;
Voicy Vertumnus qui, d'aise,
    La rebaise
Mille fois le jour et plus.

Voicy Vénus Cythérée,
    Bien parée,
Qui tient Mars enamouré,
Ses graces et mignardises
    Bien apprises
Des combats l'ont retiré.

Voicy du Sainct Mont Parnasse ;
    L'humble race
De Jupiter, qui descend ;
Voicy toute ceste plaine
    Desja pleine
De son doux fruict plus récent.

Voicy des nymphes cent mille
    A la file,
Qui sortent des eaux et bois,
Chantant toutes ensemble,
    Ce me semble,
Le noble sang Bourbonnois.

Dieu vous gard', troupes gentilles,
    Dieu gard' filles,
Dieu vous gard' toutes et tous.
De grâce où allez-vous, belles
    Immortelles ?
S'il vous plaist, dictes-le nous.

Nous allons chassant discorde,
    En concorde
Maintenant icy vivons :
Nous t'offrons, à ta vaillance,
    Roy de France,
Et Mars vaincu te livrons.

> Roy généreux, franc et sage,
>   Ton partage
> T'est si justement acquis,
> Que par l'Union perverse
>   Qui renverse
> Jamais ne sera conquis.
>
> Jouis donc des verds boccages
>   Et rivages,
> Jouis des fruicts de nos champs.
> Nous sommes de ton lignage
>   L'héritage,
> Malgré l'Espagnol meschant.

Cette pièce, donnée par Leroux de Lincy, avec la date de 1595 est bien antérieure (1) : on la trouve avec l'air noté dans la première édition des *Voix de ville,* publiés par Chardavoine en 1576. C'est donc sous Henri III qu'elle a été composée, et on l'a ressuscitée pour Henry IV. Il y a en effet quelques vers qui ont subi des changements. Dans la version de 1576 on lit :

> Voicy des nymphes cent mille
>   A la file
> Qui sortent des eaux et des bois,
> Et chantent toutes ensemble
> Le noble sang des Valoys.

Tandis que la version de 1595 dit :

> Chantant toutes ensemble,
>   Ce me semble,
> Le noble sang Bourbonnois.

Dans es *Voix de ville* la pièce finit ainsi :

> Nous sommes de ton lignage
>   L'héritage,
> Malgré les hommes meschans.

---

(1) Nous remarquerons une autre erreur de date dans les *Chants historiques français* de Leroux de Lincy; au vol. II, p. 272, la chanson du *Franc archer* a la date de 1562, tandis qu'elle est imprimée déjà dans l'*Odhecaton* de Petrucci, 1502.

En 1595 on, lit :

> Nous sommes de ton lignage
> L'héritage,
> Malgré l'Espagnol meschant.

C'était un passe-partout, comme on en a vu bien d'autres depuis.

Les compositeurs de musique, ainsi que nous le dirons plus amplement dans le chapitre des madrigaux, se gardaient bien de négliger les chants populaires. Dans le *Ballet de la reine,* 1582, les airs de danse sont d'un lourd extrême pour des oreilles d'aujourd'hui, mais dès qu'on entend l'air de *la Clochette* à la fin de la *première entrée*, l'attention se réveille : c'est que cet air de la clochette est un ancien carillon :

Si le peuple avait ses *Voix de ville,* airs des rues, les grands seigneurs et les grandes dames avaient leurs *airs de cour*, beaucoup plus guindés et beaucoup moins amusants.

L'air de *Cette Anne si belle* se trouve dans un recueil d'*airs de cour*, publié en 1615, par Pierre Ballard ; on le cite parfois comme timbre de chanson. Son origine première est un ballet fait à l'occasion du mariage de Louis XIII avec Anne d'Autriche (1615). Guédron en fit la musique ; quant aux paroles personne ne reconnaîtrait Malherbe dans ces vers de mirliton :

---

(1) L'air de la *clochette* a été utilisé dans ces derniers temps par des pianistes qui en ignoraient évidemment l'origine.

Cette An-ne si bel-le, Qu'on van-te si fort,
Pour-quoy ne vient-el-le? Vray-ment elle a tort.

Son Louys soupire
Après ses appas,
Que veut-elle dire
De ne venir pas?

S'il ne la possède
Il s'en va mourir,
Donnons y remède,
Allons la quérir.

Assemblons Marie,
Ses yeux à vos yeux,
Nostre bergerie
N'en vaudra que mieux.

Hastons le voyage :
Le siècle doré
En ce mariage
Nous est asseuré.

A partir de Louis XIII, les *noëls de cour* ou *vaudevilles satiriques* abondent dans les recueils manuscrits. C'est en réalité la chronique scandaleuse rimée, couplets infâmes sur les rois, les reines, les princes, les princesses, sur Richelieu, Mazarin, Colbert, etc. Tous les grands noms de France y sont chansonnés. Ces pièces s'étendent parfois jusqu'à cent ou cent cinquante vers, dont le style est à la hauteur de la pensée, quoique certains poètes s'en soient mêlés, comme Blot par exemple. Cette littérature d'égout continue jusqu'à la révolution, la régence de Philippe d'Orléans lui ayant encore fourni un contingent volumineux.

On songeait d'autant moins à faire la recherche de ces collections manuscrites pour les détruire, que tout grand seigneur un peu huppé possédait un recueil de ce genre, et que le comte de Maurepas, ministre sous Louis XV et sous Louis XVI, avait fait faire à son usage un exemplaire des plus complets, qu'on peut voir à la Bibliothèque nationale.

A la date de 1617, on trouve le couplet suivant sur Concini, marquis d'Ancre, depuis maréchal de France; la chronique scandaleuse prétendait que la reine lui avait accordé ses faveurs. Le roi Louis XIII le fit assassiner par Vitry, capitaine de ses gardes.

Sy la Reine alloit avoir Un enfant dans le ventre, Il seroit bien noir, Car il seroit d'Ancre: O gueridon des gueridons dondaine, O gueridon des gueridons don don (1).

La mort de Richelieu, 1642, fit éclore ces couplets:

Richelieu dans les enfers, Favory de Lucifer, Est dans ces lieux comme en

---

(1) *Guéridon* était un personnage imaginaire, un villageois parlant par distiques et par sentences; souvent répété dans les chansons, ce mot fut pris ensuite dans le sens de Vaudeville.

A la moitié du chemin
Caron lui donna la main,
Passant le plus grand monarque
Qui fut jamais dans sa barque.
Lampons, etc.

D'Ancre, ce grand maréchal,
Dès qu'il vit le cardinal
Tout aussitôt il s'écrie :
Chauffez-nous, je vous en prie.
Lampons, etc.

« Mais je ne vois point de Thou,
Ah! saint Mars où estes-vous?
Vous estes en purgatoire,
Et moy dans la fosse noire. »
Lampons, etc.

Les versiculets suivants furent faits sur Richelieu qui avait régné plus effectivement que le roi Louis XIII, de même que Mazarin durant la régence d'Anne d'Autriche.

En 1643, le prince de Condé, descendant le Rhône par une pluie battante, improvisa le couplet qu'on va lire; son compagnon de voyage, M. de la Moussaye, homme d'esprit, riposta immédiatement par une seconde strophe :

Securæ sunt nostræ vitæ
Sumus enim Sodomitæ
Landerirette,
Igne tantum perituri,
Landeriri.

En 1648 mais surtout en l'année 1649 ce fut une véritable inondation de *Mazarinades,* on en a compté plusieurs milliers; voici deux ou trois des plus douces, la plupart d'entre elles sont trop salées et trop poivrées pour que nous puissions les citer :

AIR DES ENFARINÉS.

Fais en sorte qu'il te souvienne
Qu'un Italien comme toi (1)
Dans la minorité d'un roi,
Après avoir bien fait des siennes,
Fut enfin, par revers du sort,
Quoique favori de la Reine,
Fut enfin, par revers du sort,
Justement puni de la mort.

---

(1) *Concini*, maréchal d'Ancre.

Sur l'AIR de JOCONDE

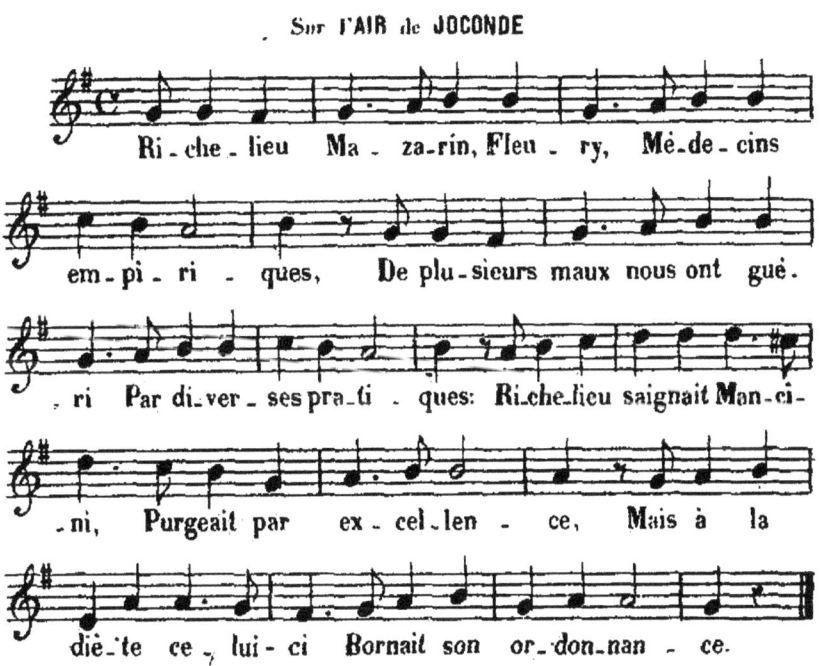

Parmi ces grivoiseries plus ou moins spirituelles, on trouve quelques chansons sur Lully, entre autres celle-ci, datée de 1662 :

En grand fu_reur la Chan_ce_liè_re Dit à Lul_ly un jour: Ne fait_tes plus l'a_mour Comme la Les_di_guiè_res, Et craignez les gar_çons Com_me les au_tres, com_me les au_tres, Et craignez les gar_çons Comme les pru_des font.

   Vous êtes vieille et je suis jeune,
   Répondit Lully,
   Votre avis est joly :
   Allez, il m'importune,
   Dites vos oraisons
   Comme les prudes (*bis*),
   Dites vos oraisons
   Comme les prudes font.

Les braillards du Pont-Neuf chantent ainsi la mort du maréchal de Turenne, en 1675 :

   Pleurons, fidèles François,
   Pleurons le grand Turenne,
   Pleurons tous à cette fois,
   Pleurons ce grand capitaine, etc.

La fin c'est :

   Prions Jésus tout-puissant,
   Le maître de la victoire,
   Qu'il place au firmament
   Turenne dedans la gloire.

On dirait un noël !

Il est une série de chansons que nous ne pouvons passer sous silence, quoique leur intérêt musical soit médiocre, ce sont les chansons et les chanteurs du Pont-Neuf.

L'un des premiers de cette race fut Mailliet, dans son jeune temps attaché à la maison de la reine Marguerite, et dans sa vieillesse et sa misère poète improvisé au Pont-Neuf.

Maître Guillaume, pensionné par Henry IV et par Louis XIII, dégoisait au Pont-Neuf les bouffonneries imprimées sous son nom (1). C'est là également, au pied de la Samaritaine et de son carillon, que les libelles de la Fronde, et plus tard ceux contre Mazarin prenaient leur vol.

Le *Savoyard*, dont on a un *Recueil de chansons*, 1665, débitait sa marchandise aux pieds du cheval de bronze, et la colportait ensuite en province. Le cocher de Verthamont soupirait, ou plutôt hurlait ses complaintes sur le Pont-Neuf. C'est encore là que se fit connaître Tabarin au commencement du dix-septième siècle. On a publié ses œuvres à plusieurs reprises : Tabarin (2), le farceur du beau Mondor, le charlatan célèbre!

Cette pléiade, dont nous ne nommons que quelques étoiles, se termine par Ladré, qui chante la *Carmagnole*, et Ange Pitou, qui a encore le courage de dire la jolie romance de *Pauvre Jacques*, faite sous Louis XVI.

Ce que chantaient ces orphées du Pont-Neuf n'était certes pas très poétique, leurs airs étaient des timbres qui couraient alors, et qu'on estropiait même un peu.

Lors du mariage de Louis XV, en 1725, on entendit sur l'air *Rossignolet des bois* :

---

(1) Édouard Fournier, *Histoire du Pont-Neuf*, vol. I, p. 149.
(2) *Tabarin* a-t-il pris son nom du *tabarro* à l'italienne, dont il se drapait ? D'après Littré, le *tabar* ou *tabard*, dans l'ancienne langue, était une espèce de manteau en serge verte. Selon les curieuses recherches de M. Jal, le Tabarin français, le célèbre, s'appelait Jean Salomon ; Tabarin était le nom du caractère introduit en France par un Tabarini sous Charles IX.

> Préparons-nous, François,
> A recevoir la reine,
> Les échos dans la plaine
> Vantent son digne choix :
> Crions vive la reine,
> Crions vive le roy !

Ou bien, sur l'air : *Ah! Philis, je vous vois, je vous aime* :

> Venez, princesse Stanislas,
> Pleine d'esprit, pleine d'appas,
> Le grand Bourbon vous tend les bras,
> Il vous veut, il vous aime, il vous chérira ;
> Stanislas, il vous veut, il vous aime,
> Stanislas, il vous chérira.

Dans le nombre de ces chansons du Pont-Neuf on trouve la suivante *sur le rétablissement de la santé du roi*, 1726 ; une partie est intitulée *Contre la fièvre*, et une autre *Pour la reine*.

> Bannissez le chagrin, tin tin tin,
> Belle et charmante reine,
> Divine Leszezezinsky (sic) ti ti ti,
> Dieu finit votre peine.

On rencontre quatre ou cinq pièces sur la mort de Madame la duchesse d'Orléans, puis une chanson nouvelle *au sujet de la grossesse de la reine*, sur l'air : *Prends, ma Philis, prends ton verre*, suivie d'une autre sur le même sujet :

> Amis, la reine est grosse,
> Ah ! quel contentement !
> Fut-il jamais chose
> Qui nous réjouit tant ?
> Réjouissons-nous, frères,
> Car voici le bon tems.

C'est cette belle littérature qu'on servait au peuple, qu'on imprimait... même qu'on achetait.

Parmi le grand nombre de chansons satiriques sur les maîtresses de Louis XV, dont quelques-unes fort ordurières, nous rappellerons la *Belle Bourbonnaise*, qui n'était d'ailleurs qu'une résurrection d'un ancien patron qui s'appelait également *la Bourbonnaise*, et qu'on appliqua à Mme Du Barry. Cet air, dont on ignore l'auteur, a trop de vivacité pour être né avant 1750. Auber s'est servi de l'air de la *Belle Bourbonnaise* dans son opéra-comique de *Manon Lescaut*.

bien mal à son ai - se, Elle est sur le gra - bat.

L'air de la *Belle Bourbonnaise* est décidément trop musical pour une création populaire, il est surtout trop développé et trop complet pour sortir de cette officine; selon toute probabilité c'est une ancienne contredanse.

Tous ces recueils de chansons des rues, imprimés sur du papier à fromage, renferment quelques *Bergeries*, genre spécial, dont la grande vogue se dessina surtout à partir de Louis XV, et que Boucher illustra de son pinceau. Les *Bergeries* du peuple se chantaient sur des airs vulgaires, à la hauteur des paroles, tandis que l'aristocratie avait des *Bergeries* écrites par des poètes et par des musiciens, comme la jolie chanson :

Aime - moi ber - gè - re, Et je t'ai - me - rai, Ne sois point lé - gè - re, Je ne le se - rai: Ah! que l'a - mour est gai Le jo - li mois de Mai: Ah! que l'a - mour est gai, Ah! qu'il est gai Le jo - li mois de Mai.

Vers la fin du règne de Louis XV, la famille royale adopta, comme chant favori, ce chœur, plein de tendresse, que Grétry avait mis dans son opéra-comique de *Lucile* (1769), et qui, jusqu'à nos jours, caractérisa les Bourbons.

Les chansons de la Révolution font partie d'un chapitre à part : les *Chants patriotiques*.

Napoléon Ier n'avait pas de chant particulier, mais on dit qu'il aimait *la Monaco*, et qu'il a fredonné bien souvent la chanson de *Malbrough* au moment de mettre le pied dans l'étrier (1).

Sous Louis-Philippe on chanta beaucoup *la Parisienne*. L'air sur lequel Casimir Delavigne ajusta ses paroles, vient de la Westphalie, où il est encore populaire.

Le poète devait donc être bien pressé, puisqu'il n'a pu trouver un compositeur français pour lui musiquer sa *Parisienne*. Voici, au reste, la chanson avec les paroles originales :

---

(1) Nous projetons un travail spécial, concernant les chansons sur Napoléon Ier, travail qui renfermera, outre les chansons françaises, un certain nombre d'autres en allemand, en alsacien, en italien etc., sur le même sujet.

Je vis flotter un bateau,
Capitaine et lieutenant,
Là dedans étaient chargées
Trois braves compagnies de soldats :
Capitaine, lieutenant,
Porte-drapeau, sergent,
Prends la fillette par la main,
Soldats, camarades (*bis*).

En 1852 il faut mentionner la remise au jour de *Partant pour la Syrie, le jeune et beau Dunois,* romance de la reine Hortense. On n'a jamais su bien au juste si Napoléon III était très flatté de cette démonstration soi-disant patriotique.

CHAPITRE III.

LA CHANSON MUSICALE. — MADRIGAUX OU CHANSONS A PLUSIEURS VOIX. — CHANSONS A BOIRE. — CHANSONS A DANSER.

Avant l'introduction du christianisme dans les Gaules, le peuple ne chantait certainement pas dans les tonalités ambrosiennes ou grégoriennes. Mais que chantait-il? C'est là ce qu'il eût été intéressant de connaître, surtout quand il est hors de doute que les bardes gaulois, successeurs immédiats des Druides, chantaient en s'accompagnant d'instruments.

Or, il arriva ceci : les premiers apôtres et leurs successeurs, voyant le peuple si attaché à ses anciens chants, usèrent d'un détour, en lui composant des textes pieux en latin sur quelques-unes de ces mélodies, et l'on croit généralement que beaucoup de nos hymnes ont eu cette origine ; on sait que ce sont les seules pièces rythmées dans le plain-chant.

Malgré cette origine admissible, il sera à jamais impossible de reconstituer un ancien chant gaulois avec une hymne, d'abord parce que le texte original nous manque, en second lieu parce que les mélodies ont dû subir des altérations nombreuses lors de ces adaptations, et que les rythmes un peu vifs ont dû être transformés en mouvements lents, sans parler des changements subis par l'envahissement successif des tonalités du plain-chant.

Le plain-chant, à son tour, lui qu'on fait remonter aux Grecs, ne nous donne certainement pas non plus des mélodies grecques non altérées. Ce peuple grec, si fort en rythmes savants et multiples, était probablement d'une médiocrité absolue en fait de musique pratique ; tous leurs écrits théoriques nous le font pressentir. Pour eux, la musique c'était la flûte ou la lyre, instruments qui servaient plus particulièrement à soutenir le rhéteur ou le déclamateur ; quant aux chœurs qui paraissaient dans les entr'actes des tragédies, on ne peut affirmer qu'ils aient fait autre chose que de réciter, d'une façon très rythmée, leurs strophes ; il y a des écrivains qui vont jusqu'à accorder au chœur scénique des Grecs d'avoir chanté à l'unisson ou à l'octave (1).

Dans la pratique du culte catholique, dès son origine, on a eu soin d'éloigner, d'anéantir tout ce qui était chant rythmé, parce que le rythme accuse une expression passionnée, tandis que le culte sévère du Christ voulait un chant calme et sans passion, une musique plane, plain-chant, sans longue ni brève, toutes ses notes devaient être d'égale valeur.

Vers la fin du cinquième siècle, le roi Théodoric demande conseil à Boèce pour envoyer à Clovis, qui le lui réclamait, un musicien qui pût enseigner le plain-chant aux Francs ; l'artiste désigné par Boèce fut Acorède, c'est tout ce que nous en savons.

Charlemagne, étant à Rome, obtint du pape les deux chantres Benoît et Théodore, pour établir dans son empire des écoles de plain-chant grégorien *purifié*, car les traces laissées par Acorède ne paraissent pas avoir été bien durables. On comprend d'ailleurs que ces écoles, au point de vue de l'ancien chant populaire, ne pouvaient être que nuisibles, qu'elles furent, en un mot, les grandes causes qui ont empêché qu'aucun chant gaulois ne parvînt jusqu'à nous.

Le plain-chant était alors ce qu'il y avait de plus beau, de plus raffiné, c'était le *nec plus ultra* de l'art musical, et le peuple n'aspirait qu'à saisir quelques bribes de ces chants venus de Rome, qui ne pouvaient ressembler en aucune façon aux anciens chants gaulois.

---

(1) Jusqu'ici les nombreux et savants écrits sur la musique des Grecs aboutissent à nous convaincre que les Grecs ne savaient pas écrire le chant à plusieurs voix, mais qu'ils employaient probablement les sons simultanés dans les accompagnements d'instruments. — De quelle façon ? Personne ne le sait.

Voilà pourquoi ce qui nous a été transmis de ces époques éloignées procède, sans exception, des modes du plain-chant, et porte des paroles latines.

Quant aux chants historiques latins des neuvième et dixième siècles (1), nous avons de la peine à croire que le peuple les ait jamais chantés. Ces grandes tirades de la *bataille de Fontanet*, *les stances sur la mort d'Éric, les complaintes sur Charlemagne, sur l'abbé Hug, le chant de Godeschalc*, etc., toutes ces pièces ont pu être chantées au peuple par des chanteurs, dont la présence se décèle surtout dans le chant sur *Éric, duc de Frioul*, et dans celui composé sur la mort de *Charlemagne*, mais le peuple n'était pas assez instruit en musique pour graver ces airs dans sa mémoire, et encore moins pour en exécuter les *fioritures*.

_____

(1) Voyez E. de Coussemaker, *Harmonie au moyen âge*, page IV et suivantes des *Monuments traduits*.

Quant aux odes de Boèce, ce ne sont pas des pièces populaires, le sujet en est infiniment trop recherché pour le peuple du moyen âge.

Le premier vestige d'harmonie dans le monde chrétien semble dater du temps d'Hucbald, 875, à qui on en attribue l'invention, sans certitude d'ailleurs ; c'est l'*organum* ou *diaphonie,* note contre note, suite de quartes, de quintes ou d'octaves, quelquefois d'autres intervalles, sans règles bien déterminées. Ces informes essais d'harmonie avaient pour base d'anciennes mélodies de l'Église. Voici un *organum* par quartes, tiré de l'œuvre d'Hucbald (1) :

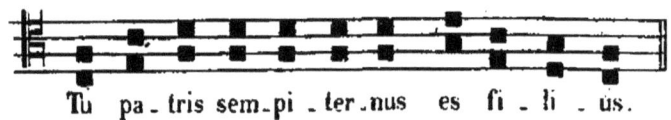

Malgré les essais du célèbre moine de Saint-Amand, ce n'est guère qu'au commencement du douzième siècle qu'apparaît réellement le *déchant* (*discant*), double chant, ayant été originairement à deux parties. Le chant donné (plain-chant) était toujours à la partie grave (*tenor*), tandis que la partie supérieure brode un contre-point, souvent fort échevelé.

Une remarque curieuse, c'est que jusqu'au commencement du quatorzième siècle tous les déchants sont à trois temps, le rythme binaire y semble inconnu. La subdivision de ces temps ternaires ne se fait également qu'en rythmes ternaires (2).

---

(1) E. Coussemaker, *Mémoire sur Hucbald*, p. 71.
(2) Le trois temps était la *mesure parfaite ;* comme exception il faut cependant citer Francon de Cologne (onzième siècle) indiquant déjà le rhythme binaire.

Tandis que la science musicale essayait de donner signe de vie au douzième siècle et antérieurement, par la production de ces horribles combinaisons appelées *déchant,* le peuple avait continué son répertoire de chansons, l'agrandissant avec toutes les fantaisies que lui fournissaient de temps à autre les soubresauts de l'ancienne verve gauloise. Ces chansons servaient principalement à la danse :

> Adieu dances, adieu qui les chantez !
> (*Adieux à Paris,* par Eustache DESCHAMPS.)

Par cela même qu'on les dansait, ces chansons étaient forcément bien plus rythmées que les inventions des musiciens.

Parmi un assez grand nombre de *déchants,* cités par E. de Coussemaker dans son *Harmonie au moyen âge,* il y en a trois où la chanson populaire est associée, tant bien que mal, à des fragments d'antiennes (1) ; c'était l'aurore, c'étaient les premiers essais des musiciens théoriciens, préludant à leurs messes sur des chants populaires.

---

(1) Cela s'appelait des *motets* ; le moyen âge en a produit non seulement à deux parties, mais à trois et à quatre parties, avec des harmonies horribles. La signification de prière religieuse, *motet,* ne semble dater que du seizième siècle.

Dans les œuvres d'Adam de la Halle, né vers 1220, mort entre 1285 et 1288, on trouve des mélodies tellement gracieuses, tellement au-dessus de ce que les musiciens avaient produit jusque-là, qu'on se demande si ce trouvère artésien et musicien ne faisait pas des emprunts à la muse populaire. Cette observation se reproduira forcément à propos du *Jeu de Robin et Marion,* également du *Bossu d'Arras,* dans le chapitre de la *Chanson au théâtre*. Adam de la Halle avait le sentiment de la tonalité moderne : on n'a qu'à examiner la chanson suivante, qui est de ce trouvère, et dont la tonalité *sol* est hors de doute (1).

LES MADRIGAUX, CHANSONS A PLUSIEURS VOIX.

Il existe des rondeaux et d'autres pièces à trois voix en assez grand nombre, datant du treizième siècle, avec des duretés qui font dresser les cheveux, tandis qu'au milieu de cette forêt échevelée, hérissée de tentatives d'harmonie, on rencontre un canon anglais à six voix, vraiment étonnant pour l'époque où il a été écrit, car M. William Chappell a démontré, pièces en main, que cette composition est du moine de Reading, John Fornsete, qui vivait en 1236 (2).

---

(1) E. de Coussemaker, *Adam de la Halle*, pages LXI, 31 et 82.
(2) Id., *l'Art harmonique aux douzième et treizième siècles*, p. 72 du texte.

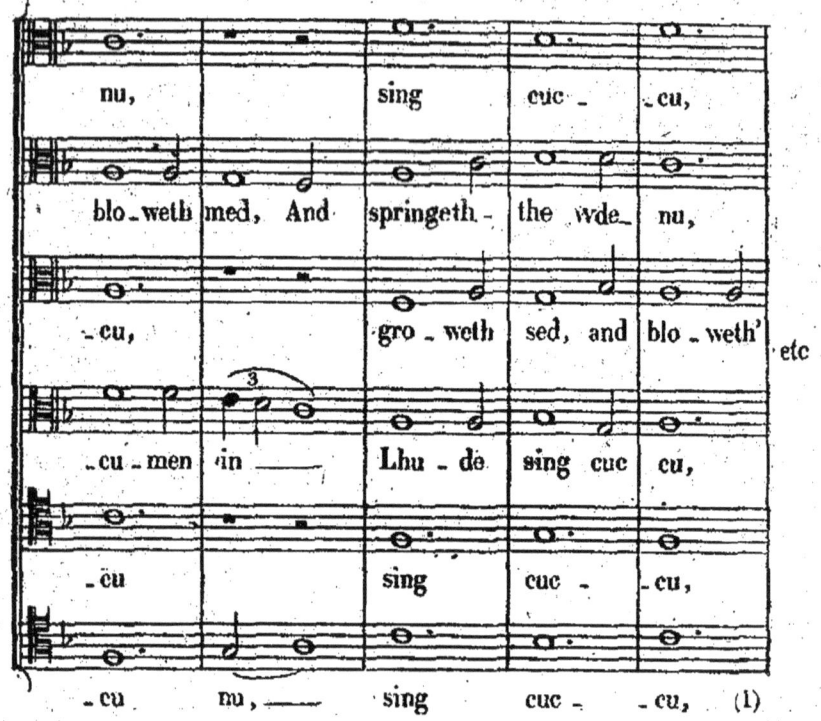

Nous avons déjà fait pressentir que le peuple avait le sentiment de la tonique et de la dominante, bien avant que les savants ou les musiciens fussent fixés là-dessus.

Au reste, les compositeurs, dès le quatorzième siècle, s'aperçurent bien qu'à côté de leur travail peu fructueux sur les vagissements du contre-point et de l'harmonie il y avait ce chant populaire, qui existait, qui marchait, qui grandissait et se répandait, qui donnait surtout signe de vie après les grandes

---

(2) *A general History of music*, by sir John Hawkins. London 1776. Vol. II, p. 96. Hawkins avait découvert ce canon dans un manuscrit du British Museum, sous le n° 978. Ce morceau, étant entouré d'autres pièces du XV° siècle, Hawkins en avait conclu que le canon était de la même époque. M. William Chappell dans son ouvrage *Popular music of the olden time*, etc., vol. I, p. 21, a repris la question, et a fini par découvrir l'auteur de cette curieuse pièce.

émotions populaires : batailles, naissance d'un prince, mort d'un grand capitaine, etc. Ils se l'approprièrent en transcrivant ces thèmes à trois ou à quatre voix, et en mettant généralement l'air populaire au *ténor* ou *teneur* (1).

Une preuve irrécusable du succès des airs populaires, contre-pointés à trois ou à quatre voix, se trouve dans les belles publications de Petrucci, principalement dans son *Harmonice musices Odhecaton,* 1501 à 1503, dont le Conservatoire de Paris possède le seul exemplaire complet connu jusqu'ici (2). Ce volume renferme près de trois cents chansons françaises à trois et à quatre voix, sur des thèmes populaires, comme : *J'ai pris amours, Ung franc archier, l'Homme armé, Mon père m'a mariée, Je suis jeunette, Adieu, jeune fillette, Gentils galants aventuriers, Sur le pont d'Avignon, Vive le roy,* etc. Ces chansons ont été harmonisées et contrepointées par Josquin des Prés, Rodolphe Agricola, Ghiselin, Obrecht, Okeghem, Brumel, Japart, Tinctor, etc., bref, par toutes les célébrités musicales connues au quinzième siècle. Il fallait, en effet, que ces chansons fussent bien répandues depuis longtemps, pour être éditées à Venise dès 1501.

On s'aperçoit sans peine que les compositeurs qui travaillaient ainsi sur des airs populaires, ne se gênaient guère pour tronquer, raccourcir, altérer le thème original, quand la marche de leur contre-point l'exigeait. Ils visaient avant tout à faire entrer les parties en imitation, comme dans ce commencement : *Sur le pont d'Avignon :*

---

(1) Cette disposition n'était pas exclusive ; on peut voir, dans Kiesewetter, *Schiksale des weltlichen Gesanges* (Destins du chant profane aux quinzième et seizième siècles), deux fragments à trois voix, dont les auteurs, Dufay et Binchois, vivaient encore en 1436 ou 1437, et où le chant est placé au *Superius* : *Je prens congié* et *Ce moys de may.*

(2) Une autre collection, fort précieuse également, est celle publiée par Pierre Attaignant, à partir de 1528, quatre volumes petit in-4º oblong, que possède la Bibliothèque nationale. (Exemplaire unique.)

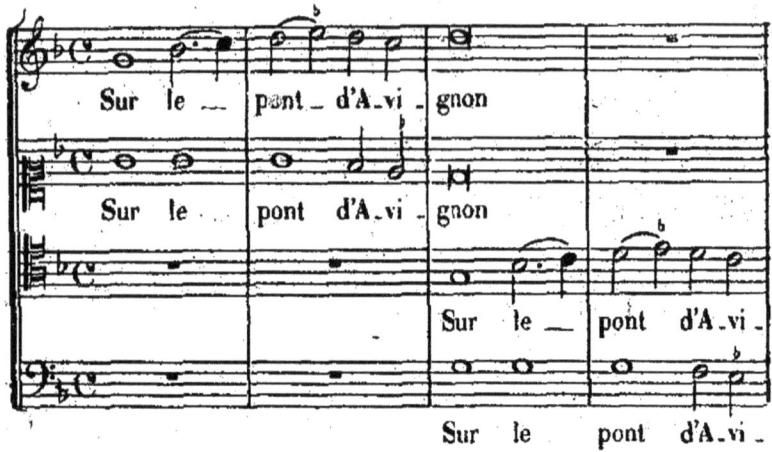

Voici un exemple plus complet, où le thème populaire est entonné d'abord par la basse. A part les quatre premières notes, il serait bien présomptueux de garantir que le reste a fait partie de la chanson populaire ; cependant le *superius*, après avoir répété ces quatre notes, nous en donne six autres dans sa seconde entrée, qu'on pourrait encore attribuer à l'ancienne chanson originale. Ce sans-façon avec le thème primitif donne une idée assez exacte de la manière dont les compositeurs de ce temps-là en usaient avec la chanson populaire, dans leurs messes comme dans les pièces profanes.

LE FRANC ARCHER (1).

(1) Tiré de l'*Odhecaton* de Petrucci. Lettre C, p. 42 (anonyme), mis en partition par J. B. Weckerlin.

2

Le franc archer une arquebuse avoit,
Laquelle estoit de sablon blanc chargée.
Et si avoit un foureau sans espée,
Encore plus les mules, aux talons:
Viragon, vignette sur vignon.

3

Le franc archer à son hoste disoit:
Sangoy! morgoy! Je renigoy! je te tue!
Tout beau, monsieur, nos oies sont en mue,
Et l'appaisa d'une soupe à l'ognon:
Viragon, vignette sur vignon.(1)

Il est une chanson populaire du seizième siècle, *Fors seulement,* que tout compositeur en renom à cette époque semble avoir tenu à honneur de contre-pointer à quatre ou à cinq voix; de ce nombre sont : Okeghem, De la Rue, Hobrecht, Agricola, Reingot, Ghiselin, Brumel, Pipelare, C. Festa, etc.

Fors seulement a eu comme chanson à plusieurs voix le même succès que *l'Homme armé* dans les messes.

Dans ces harmonisations à quatre voix, non seulement le compositeur ne cherche pas à mettre en relief le thème original, mais on dirait qu'il est constamment préoccupé à le noyer dans les parties contre-pointées; c'est une lutte continuelle entre le chant populaire et la science du musicien qui tient à remporter la victoire.

Quel dommage que ces maîtres du temps passé n'aient pas mis la mélodie *intacte* à l'une des quatre parties, en l'harmonisant avec les trois autres voix, ainsi que cela se pratique de nos

---

(1) Les paroles que nous donnons se trouvent dans les *Chansons françoyses* par Severin Cornet, 1581, cinq cahiers in-4° dans un carton, Bibliothèque nationale. Le Roux de Lincy donne le *Franc archer* en quinze couplets, dans son *Recueil de chants historiques français;* Paris, 1842, deuxième série, p. 272. Notre deuxième couplet diffère complètement du sien.

jours, nous aurions une grande partie des anciennes chansons populaires, telles qu'on les chantait alors ; mais, comme nous l'avons déjà remarqué, les maîtres du seizième siècle altéraient l'air et les paroles. Cet aveu est fait naïvement par Georges Forster dans la première édition de ses chansons. (*Frische Liedlein*, fraîches chansonnettes, Nuremberg, chez Petreio, 1539.)

Nous placerons ici un second exemple tiré de Petrucci, c'est la chanson à quatre voix de l'*Homme armé* par Josquin des Prés, ou Deprès, qu'on pourra comparer avec la chanson populaire, transcrite dans le chapitre des *Messes sur des thèmes populaires*.

CHANSON DE L'HOMME ARMÉ (1).

CANON. (*Et sic de singulis.*)

Par JOSQUIN DES PRÉS.

---

(1) D'après l'*Odhecaton* de Petrucci ; lettre B, p. 2. *Et sic de singulis*, canon ouvert

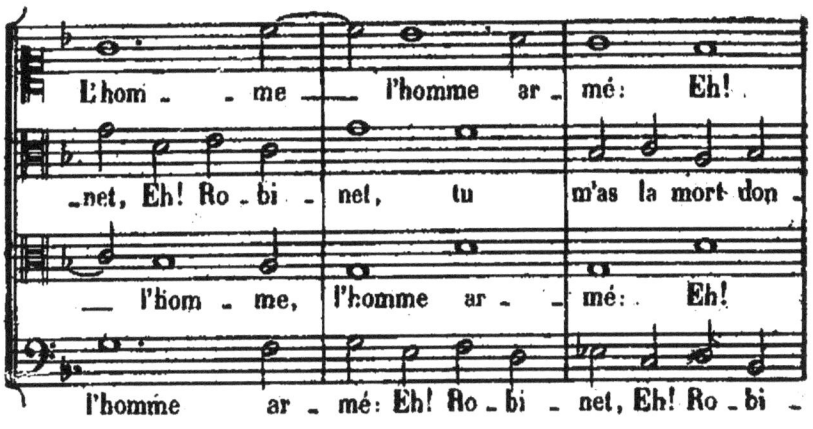
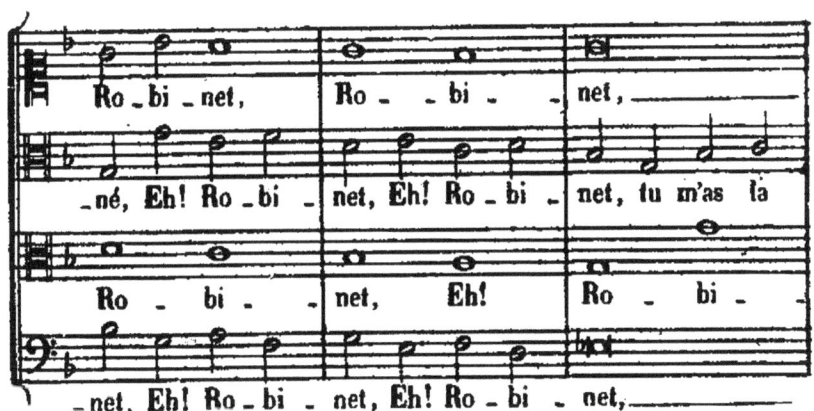

A l'époque où l'on publiait les premières éditions de chansons à plusieurs voix, c'est-à-dire au commencement du seizième siècle, la science instrumentale étant peu avancée, ces sortes de publications servaient aussi bien aux voix qu'aux instruments : *Chançons à 4 parties, auxquelles sont contenues 31 nouvelles chançons, convenables tant à la voix comme aux instrumentz, Anvers* 1543. — *Livres de chansons à quatre parties, nouvellement composez et mises en musique, convenables tant aux instrumentz comme à la voix; Louvain* 1554. Les Italiens mettaient *per cantar e sonar;* on trouve également : *tum omnis generis instrumentorum, tum ad vocis modulationem*, ou bien :

per vocum et instrumentorum melodiam, tam conjuncte quam divisim. Chez les Allemands : *Auf allerley Instrumente zu brauchen,* à servir pour toutes sortes d'instruments. Parfois les instruments jouaient en même temps que les voix, mais ils n'avaient pas une partie concertante, et ne faisaient que doubler ces dernières.

Prætorius nous donne quelques renseignements là-dessus à la page 156 *Syntagma musicum;* ainsi on choisissait les instruments selon les clés des parties vocales : en présence de la clé du violon (*sol*) pour la partie haute et de la clé *d'ut seconde* pour la partie grave, on employait les cornets à bouquin (*Zincken*) ou les petits violons. Pour les chœurs à quatre voix on se servait des flûtes traversières; pour des parties graves les instruments ordinaires étaient les trombones (*sacqueboutes*) et les bassons. Comme on avait alors la famille entière de chacun des instruments à vent, on employait pour doubler les quatre parties vocales, soit un chœur de flûtes, soit un chœur de violes ou de cornets, etc., selon le goût des chanteurs, et plus probablement encore selon les musiciens qu'on avait sous la main.

Ces exécutions étaient si peu artistiques, que lorsqu'il manquait, par exemple, un contralto dans un quatuor de voix, on le remplaçait par une viole ou par un cornet.

Au seizième siècle la musique instrumentale était plus pratiquée en Allemagne qu'en France. Sébastien Virdung (1511) parle d'environ cinquante instruments; Prætorius (1618) en décrit une centaine, qui tous, paraît-il, étaient en usage.

Les recueils de madrigaux ou chansons à plusieurs voix, si recherchés aujourd'hui, sont presque tous très rares : leur disparition n'a rien qui étonne, parce que ces collections étaient non seulement entre les mains de l'aristocratie, mais aussi entre celles de la bourgeoisie et des corporations. On ne publiait pas en partition les chansons à plusieurs voix, du moins c'était l'exception, mais en parties séparées. Or, une de ces parties égarée ou perdue, dépareillait les autres ; en ce cas, au lieu de voir à se compléter, on cherchait de préférence du nouveau. Les rares collections complètes qu'on rencontre proviennent généralement d'anciens couvents, où l'on avait des bibliothèques. Il faut ajouter encore que les musiciens de ces temps-là étaient aussi négligents que la plupart de ceux d'aujourd'hui, et pas collectionneurs du tout.

Les guerres de religion du seizième siècle, et plus tard tous les mouvements populaires n'ont pas peu contribué à disperser ces recueils précieux. Beaucoup d'entre eux n'ont d'ailleurs jamais été complets comme paroles : on n'imprimait généralement que le premier couplet avec la musique, le reste se disait par cœur, les chanteurs ayant les paroles présentes à leur mémoire. Cela est si vrai que dans l'*Odhecaton* de Petrucci on ne trouve que les premières paroles de la chanson, même pas toujours le premier vers en entier, et c'était pourtant une édition pratique, devant servir à l'exécution (1).

Il ressort de là qu'on ne devait être que médiocrement difficile au point de vue du rythme exact des paroles ou de la prosodie, et que les chanteurs intelligents (l'exception) devaient être les seuls qui, en chantant, plaçaient les paroles d'une façon à peu près convenable. Il est à peine nécessaire d'observer que les nuances étaient inconnues, ces anciens recueils n'en portent pas de traces, et les exécutants n'étaient pas de force à les improviser.

Après Clément Jannequin, ce fut Orlando de Lassus qui remplit une grande partie du seizième siècle de son talent et de sa célébrité. Dans ses chansons à plusieurs voix, à l'instar de son devancier, il a secoué cet éternel style de contrepoint, en le remplaçant par la fantaisie et l'inspiration, en un mot par sa

---

(1) Les quatre parties sont imprimées séparément en regard.

personnalité, par son talent. Tout en conservant les entrées en imitation, le contour mélodique est plus franc, plus alerte que ce qui avait précédé. Lassus ayant été en Italie, a dû connaître les œuvres de son contemporain Carissimi, mais le style d'Orlando de Lassus est bien plus français qu'italien (1), et son grand succès résida en effet dans ses chansons françaises, puis dans ses messes et autres compositions religieuses. La chanson suivante, de ce compositeur, est tirée des collections de la Bibliothèque Sainte-Geneviève.

CHANSON d'ORLANDO de LASSUS
(1576)

---

(1) Orlando de Lassus ou Roland Delâtre a composé un assez grand nombre de madrigaux italiens, même quelques-uns en allemand.
La plupart des madrigaux imprimés au seizième siècle le sont sur du bon gros papier, format petit in-4° oblong, chaque voix dans un cahier séparé, rarement en partition. Les caractères sont bien plus beaux qu'au dix-septième siècle où, surtout en Italie, le pays où Petrucci avait produit ses superbes caractères, l'on trouve d'horribles impressions sur du mauvais papier gris, qu'on appelle vulgairement du papier à fromage.

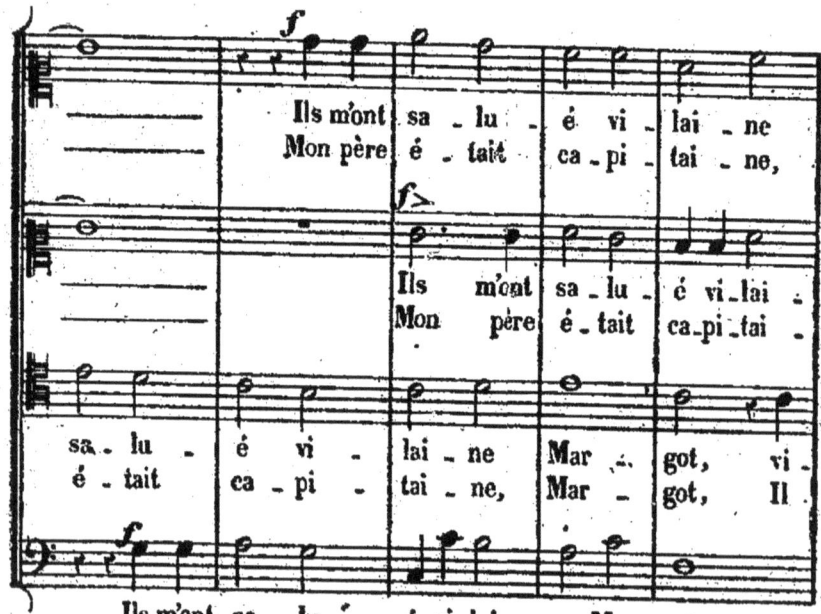

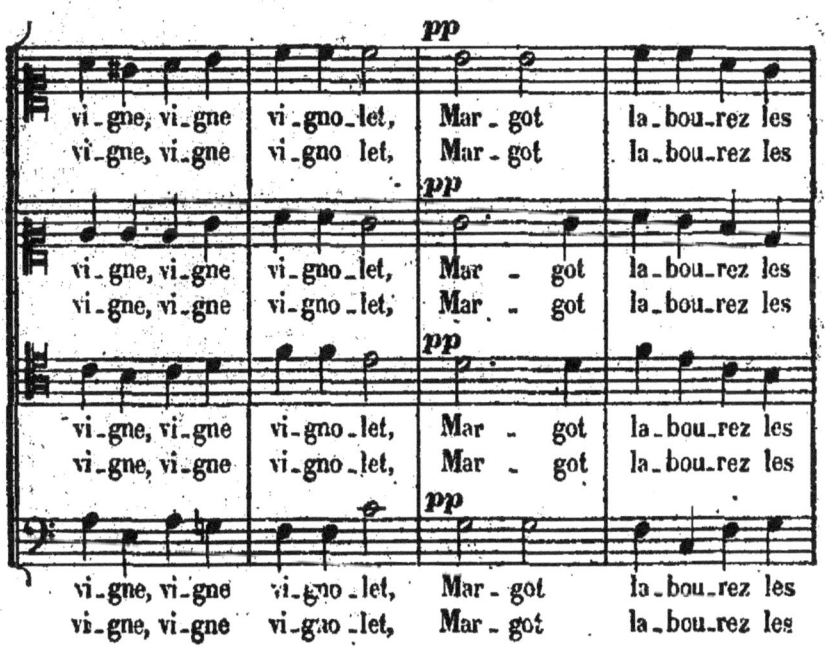

Parmi les musiciens de la fin du quinzième siècle, du seizième et le commencement du dix-septième qui composèrent des chansons françaises à plusieurs voix, nous mentionnerons : Abran, Arcadelt, Bèchefort ou Bouchefort, Beaumont, Bercoy, Bertrand, Besancourt, Briault, de Bussy, Du Buisson, Cadeac, Castro, Certon, Chevalier, Clereau, Corson, Costeley, Courtois, Créquillon, Delafont, Desbordes, Deslouges, Dorle, Ducroc, Dulot, Du Tertre, Entraigues, Const. Festa, Fourmentin, Françoys (sans doute le même que Françoys Dubois), Gascogne, Godard, Gohier, Gombert, Gosse, Goudimel, Nicolas de la Grotte, Grouzy, Guyon, Hesdin, Heurteur (ou Le Heurteur), Jacotin, Cl. Jannequin, Jaquet, Leennard, Leschenet, Adrian Le Roy, Lochet, Maillard, Malette, Manchicourt, Marchandi, de Marle, Meldaert, Millot, Mithou, Mittantier, Philippe de Monte, Mornable, Mouton, Passereau, Hilaire Penet, Cl. Petit Jehan, Renes, Richafort, Roger, Cyprian di Rore, Roquelay,

Rouince, Roussel, Salmon, Sandrin, Santerre, Touteau, Vassal, Verius, Villiers, Vulfran, Wassereau, Wermont, Woullu ou Moullu, Ysore (1).

Ces noms sont d'autant plus utiles à citer, que les trois quarts d'entre eux sont français et omis par Fétis, quoique nous possédions plusieurs de leurs œuvres; ils témoignent surabondamment de l'existence d'une école française à côté de l'école belge, que généralement on mentionne seule pour le seizième siècle.

De même qu'Orlando de Lassus dans *Vigne Vignolet*, plusieurs de ces compositeurs se servent de paroles populaires : ce ne sont plus des harmonisations d'anciens airs, mais de véritables compositions nouvelles. Les poésies de Marot, Ronsard, Baïf et d'autres moins célèbres sont fréquemment mises en musique, surtout pour les chansons d'amour, série la plus abondante.

Les *Voix de ville*, publiées en 1575, par Jean Chardavoine donnent une idée de ce qu'on chantait à la fin du seizième siècle : *Mignonne*, de Ronsard; *O bel œil, ô blanc tetin*, de Jodelle; *O nuit, jalouse nuit*, de Desportes; *Avril l'honneur et des bois et des mois*, de Remy Belleau, etc.

En voici un exemple :

---

(1) A part trois ou quatre noms belges et autant d'italiens, tous les autres appartiennent à des compositeurs français.

– e, Pour es – tre si con – traire à ma fé – li – ci – té!

Toutes ces belles poésies sont notées avec des airs longs, langoureux. Quelques-unes de ces chansons, le petit nombre, ont cependant du rythme et du mouvement, mais aucune d'entre elles n'approche de cette jolie chanson populaire, dont le refrain reproduit la première partie de *Au clair de la lune*, qu'on a souvent attribué à Lully, venu un siècle plus tard :

Mon père et ma mè – re N'ont que moi d'en –
Et y m'ont fait fai – re Un co – til – lon
fant, Gau – di – net – te, je vous ay – me tant!
blanc :
J'es – tois trop pe – ti – te, Il es – toit trop grand :
Gau – di – net – te, je vous ay – me tant.

2

J'en ay faict rogneure
Trois pieds par devant :
Gaudinette, etc.

3

Autant par derrière,
Encore est trop grand :
Gaudinette, etc.

4

Et de la rogneure
J'en ay faict des gands :
Gaudinette, etc.

5

Pour mon amy Pierre
Luy que j'ayme tant :
Gaudinette, etc.

6

M'empoigne et m'embrasse,
M'a faict un enfant !
Gaudinette, etc.

7

Aussi m'a guérie
Du grand mal des dents :
Gaudinette, etc.

8

Quand le sceut mon père,
Qui me battit tant :
Gaudinette, etc.

9

Tout beau, tout beau, père,
Frappez doucement :
Gaudinette, etc.

10

Sy la mèr' feist faute,
Qu'en peut mès l'enfant ?
Gaudinette, etc.

11

Ce n'est rien du vostre
Ny de vostre argent :
Gaudinette, etc.

12

C'est d'mon amy Pierre
Qu'au vert bois m'attend :
Gaudinette, etc.

13

Et pour moy endure
La pluye et le vent :
Gaudinette, etc.

14

Et la grand' froidure
Qui du ciel descend :
Gaudinette, etc.

15

Et pour luy j'endure
La honte des gens :
Gaudinette, etc.

Vers la fin du seizième siècle, mais surtout au dix-septième, on publia à Paris, chez les Ballard, des recueils de chansons ou airs *mis en tablature de luth* (1); les principaux auteurs sont : Guédron, Bousset, Bataille, Vincent, Grandrue, Auget, Signac, Coffin, Savorny, Boyer, etc.

En même temps parurent des airs avec basse chiffrée ou non chiffrée, comme, par exemple, ceux de M. de La Barre, dont nous donnons un spécimen, avec sa *diminution* (2), c'est-à-dire des variantes à la seconde strophe, ce qui était alors très à la mode.

---

(1) *Airs de Jan Boyer, mis en tablature de luth par luy-mesme.* Paris, 1621. Pet. in-4°. *Airs avec la tablature de luth de Estienne Moulinié*; 1624-1635.

(2) Le mot *diminution* provient de ce que la note originale est diminuée de valeur dans ces strophes avec variations, car à la rigueur il faudrait plutôt appeler cela des *augmentations*, aujourd'hui c'est le mot *variantes* qu'on emploie. Bacilly, dans son *Art de bien chanter*, 1679, observe que le mot *diminutions* ou *passages* s'emploie par les gens de qualité, tandis que le vulgaire appelle cela *fredons*. Cette grande affaire des variantes est traitée par cet auteur comme une chose des plus importantes de l'art du chant, il disserte là-dessus pendant quarante pages, en citant et en analysant des exemples.

SARABANDE de M. DE LA BARRE.
(avec diminution)

Cambert, qui précéda Lully pour la création de l'opéra français, avait publié d'abord un certain nombre de chansons à quatre voix, dont malheureusement il ne reste qu'une partie de *Taille*, conservée à la Bibliothèque nationale.

Au dix-septième siècle, il y eut l'envahissement de l'école italienne, qui nous expédiait ses airs sous forme de *Canzonnetta, Tricinia, Napolitana, Vilanelle, Madrigalie*, etc. On y mettait des paroles françaises quelquefois; mais les paroliers s'aperçurent de bonne heure qu'il n'était pas plus difficile de mettre des vers sous nos airs de danse français, et à partir de Lully commence une avalanche de *parodies* (1).

Depuis le milieu du dix-septième siècle jusqu'à la révolution, il faut compter par milliers les *courantes*, les *gagliardes*, les *branles*, les *bourrées*, les *menuets*, les *allemandes*, etc. Tout cela se chantait, et quand l'air et les paroles étaient réussis, la chanson ne tardait pas à se répandre, à se faufiler partout, du boudoir à l'antichambre et à la cuisine (2), de là dans la rue. *La clé du caveau* renferme encore quelques airs qui se sont maintenus dans la faveur populaire jusqu'à nos jours.

Vers la fin du dix-septième siècle les *maîtres du beau chant*, comme on les appelait, étaient Bacilly et Lambert, ce dernier devint le beau-père de Lully. Ce Lambert, à ce qu'il paraît, était très recherché comme chanteur de salon et comme professeur; il publia en 1689, chez Christophe Ballard, une suite d'airs à deux, trois et quatre parties. Quant à l'*art de bien chanter* par Bénigne de Bacilly (1679), c'est un petit volume qu'on trouve

---

(1) On appelait *parodier* ou *parolier*, mettre des paroles sur des airs d'instruments.

(2) Dans la *comparaison de la musique italienne et de la musique française* par Lecerf de la Vieville, 1705, seconde partie, p. 328, on lit : « lorsque j'entendois par exemple l'air d'*Amadis* (de Lully) chanté par toutes les cuisinières de France, j'avois droit de penser que cet air étoit déjà sûr d'avoir eu l'approbation de tous les gens de France d'un rang entre la princesse et la cuisinière. »

Cet air commence ainsi : *Amour que veux-tu de moi ?* Il a été publié chez Durand et Schœnewerk.

facilement, tandis que les exemples gravés qui le complètent, sont d'une rareté insigne.

Les imprimeurs Ballard, armés de leur privilège exclusif, firent paraître, dès la fin du dix-septième siècle, mais surtout à partir de 1700 cette suite de petits volumes avec airs notés, qui nous transmettent le goût musical de ce temps-là, en dehors de l'opéra.

Ce sont :

Les Brunetes ou *Petits Airs tendres avec la basse continue*, 3 vol.

La Clef des chansonniers ou *Recueil des vaudevilles depuis cent ans et plus*, 2 vol.

Les *Menuets chantants*, 3 vol. renfermant plus de trois cents menuets parodiés.

Les *Parodies bachiques*, 1 vol.

Les *Tendresses bachiques*, 2 vol.

Les *Rondes et chansons à danser*, 2 vol. Ce sont des chansons populaires.

Les *Nouvelles Parodies bachiques*, 3 vol.

Lully n'a pas dû contribuer pour peu à l'engouement des *bergeries*, car il introduisait volontiers les bergers et les bergères dans ses ballets et dans ses opéras. Avant lui Cambert avait fait de même ; c'était au reste, un genre exclusivement aristocratique, car le peuple ne pouvait se faire de bien grandes illusions sur les bergers et les bergères, il les voyait tous les jours et savait qu'en penser.

Dans la seconde moitié du dix-huitième siècle on avait la rage des *Cantates* à une ou à deux voix : *la Cantate des prix de Rome* leur a dû sans doute sa naissance, car nous voyons que ces Cantates, à l'origine, n'étaient qu'à une voix, ce qui s'est continué fort longtemps.

A partir de 1800 les compositeurs harmonisent peu les chants populaires, aussi trouve-t-on beaucoup moins de ces chansons, écrites ou imprimées depuis cette date qu'à des dates antérieures. Nous faisons une exception pour les trente ou quarante dernières années de l'époque actuelle ; il sera question de cette série intéressante dans notre *épilogue*.

LES CHANSONS A BOIRE.

Nous avons déjà observé que la chanson populaire diffère essentiellement de ce qu'on appelle simplement la *chanson*, dont l'acception est plus musicale, quoiqu'embrassant à peu de chose près les mêmes sujets, mais sous un aspect différent.

Ainsi qu'on peut le voir aux *chansons historiques*, le peuple de la campagne ne s'est guère préoccupé des chansons de la Ligue, de la Fronde, et ce n'est certes pas de lui que Mazarin aurait pu dire : « Laissez-les chanter, ils paieront les violons, » ou quelque chose de semblable.

Une remarque qui paraît hasardée, mais qui n'en est pas moins vraie, c'est que la *chanson à boire* est une chanson de ville, même il est assez rare d'en rencontrer parmi les chansons populaires de la campagne.

Olivier Basselin et son transcripteur ou son imitateur Jean le Houx (1) ont chanté le vin et surtout le cidre de Normandie ; à Vire même, où habitaient Basselin et Jean le Houx, on n'a pas retenu une seule de ces chansons (vaudevires) (2) ; rien n'est resté dans la tradition populaire, et cet oubli a souvent excité notre étonnement, durant de fréquents et de longs

---

(1) Un Virois, M. Armand Gasté, professeur au lycée de Caen, mû par un sentiment peu flatteur pour sa ville natale, a prouvé à peu près que nous ne possédons rien de l'œuvre de Basselin, et que tout ce qu'on lui a attribué jusqu'ici revient à Jean le Houx. Basselin est passé à l'état de mythe, et Boileau a eu tort d'en parler, puisqu'il ne connaissait pas plus que nous ses œuvres.

(2) Les vaux de Vire sont une suite de coteaux pittoresques, au bas desquels coule la Vire ; comme on suppose que Basselin a demeuré par là, on a mis à l'une des maisons un écriteau rappelant ce souvenir.

séjours dans la ville et les environs de Vire. La seule explication qu'on pourrait donner à cela, c'est que la forme des vaudevires est trop littéraire pour que le peuple les ait jamais admis dans son répertoire.

Nous allons donner un des vaudevires attribués à Basselin, jusqu'au moment où il a fallu les reconnaître comme l'œuvre postérieure de Jean le Houx, dont nous avons examiné le manuscrit autographe à la bibliothèque de Caen (1).

Que No-é fut un pa-tri-ar-che di-gne,
Car ce fut luy qui nous planta la vi-gne, Et beut premier le jus de son rai-sin; O le bon vin! Et beut premier le jus de son rai-sin; O le bon vin!

Cette chanson se trouve notée dans le *Recueil des plus beaux airs accompagnés de chansons à dancer, ballets, chansons folâtres et bachanales, autrement dites vaudevire, non encores imprimés. Ausquelles chansons l'on a mis la musique de leur chant, afin que chacun les puisse chanter et dancer, le tout à une seule voix. A Caen, chez Jacques Mangeant*, 1615.

Jean le Houx est mort en 1616, il était Virois comme Basselin.

---

(1) Parmi ces vaudevires autographes de Jean le Houx nous en avons remarqué un entr'autres, avec le timbre : *Belle qui m'avez blessé d'un traict si doux*, chanson de Pierre Guédron qui vivait encore en 1620. Il est clair que si Basselin a été tué à la bataille de Formigny (1450) comme on croit, il n'a pu mettre aucune de ses chansons sur des thèmes de Guédron.

On voit une fois de plus que *vaudevire* ou *bachanale* signifiait air à boire, et n'a jamais eu aucun rapport avec le théâtre, aucun rapprochement possible avec *vaudeville*, dont la signification est tout autre : vieille erreur accréditée par Boileau (1).

Les chantres... et les musiciens avaient anciennement une certaine réputation, touchant leur faible pour la dive bouteille. Dans une de ses chansons à plusieurs voix, Orlando de Lassus se sert du texte suivant :

> En m'oyant chanter quelquefoys
> Tu te plains qu'estre je ne daigne
> Musicien, et que ma voix
> Mérite bien que l'on m'enseigne,
> Voir que la peine je preigne
> D'apprendre ut re mi fa sol la :
> Quel diable veux-tu que j'appreigne?
> Je ne boy que trop sans cela.

Nous ne pouvons passer sous silence la célèbre chanson à boire du *Médecin malgré lui,* de Molière, 1666, musiquée d'abord par Lully. Quand, plus tard, l'astucieux Italien se brouilla avec Molière, à propos du privilège de l'opéra, Molière fit écrire un nouvel air des glougloux par Charpentier, et c'est celui qui est resté dans la tradition du théâtre français, sauf de légères altérations. Lully s'en était d'ailleurs consolé d'avance, en se servant de son air à boire comme menuet dans le *ballet de Flore,* 1669.

AIR de LULLY

Ah! qu'ils sont doux, Bou-teil-le jo-li-e,
Ah! qu'ils sont doux Vos pe-tits glou-gloux! Mais mon sort

---

(1) Voir *la Chanson au théâtre*, chapitre VI.

AIR de CHARPENTIER

Les éditeurs Ballard ne faisaient que suivre le mouvement et le goût prononcé pour ce genre de musique, en publiant les *Parodies bachiques, les Tendresses bachiques, les Nouvelles Parodies bachiques,* car il faut bien le dire : la grande époque de la chanson à boire, en France, a été le règne de Louis XV. Il existe encore des milliers de recueils manuscrits, à part les imprimés, ne renfermant absolument que des chansons à boire pour une, deux ou trois voix. La plupart de ces produits de la verve bachique sont des parodies sur des airs de danse ; comme spécimen voici une chanson à boire rimée sur un menuet du *Roland*, de Lully :

Il est une chanson à boire dont le timbre reparaît à chaque instant à partir de 1750 environ. Elle ne peut guère être plus ancienne ni d'après les paroles ni d'après l'air ; d'ailleurs, les Ballard ne l'auraient pas laissée échapper dans leurs nombreux recueils, si elle avait été connue alors :

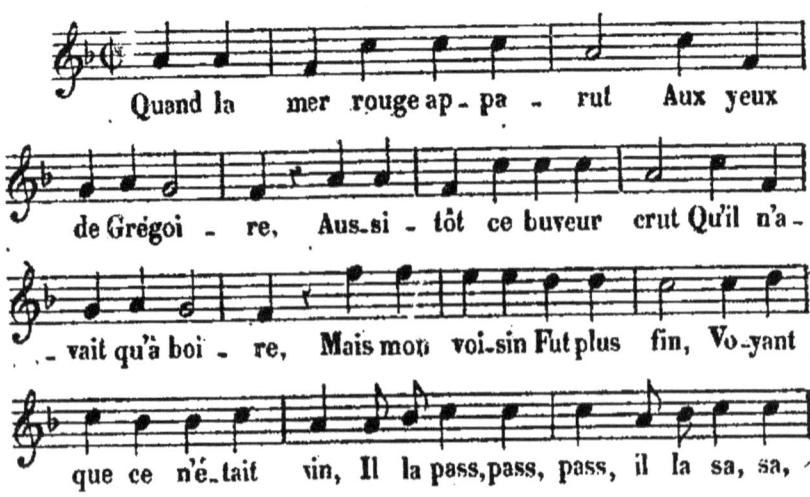

Une autre chanson à boire, restée célèbre, est celle d'Adam Billaut, ou maître Adam, le menuisier-poète de Nevers, 1650 :

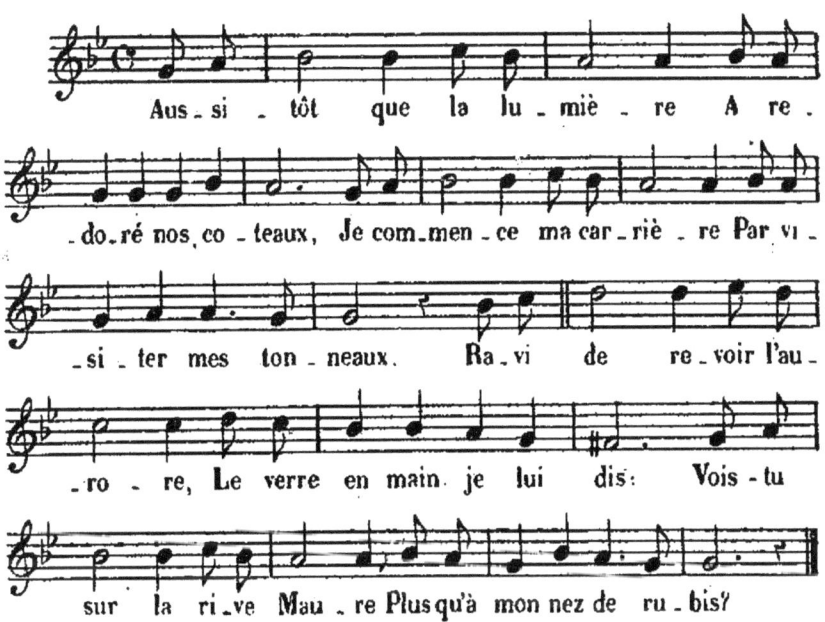

Une des conditions de l'air à boire, c'est qu'il soit fait sans autre accompagnement que les couteaux ou les verres, parce que généralement ces chansons se produisaient à table ou dans un cabaret : en ce temps-là les grands seigneurs allaient au ca-

---

(1) On voit que le *bu qui s'avance*, dans la *Belle Hélène* d'Offenbach, n'était pas une facétie chansonnière nouvelle ; on la trouve même employée dans la *Rencontre imprévue*, musique de Gluck. La chanson que nous venons de citer a été imprimée dès la fin du dix-septième siècle ; elle se trouve également dans le *Trésor des plus belles chansons*, cité plus loin.

baret. Lecerf de la Vieville, qui écrivait en 1702, dit : « A la fin du repas, dans l'émotion où le vin et la joie ont mis les conviés, on demande un air à boire ; l'accompagnement aurait là quelque chose de gêné, qui serait hors de saison, et sentirait trop le concert préparé. »

Cette ivrognerie musicale avait si bien passé dans les mœurs, que les dames elles-mêmes ne dédaignaient pas de s'en mêler parfois. Nous avons vu deux gros volumes de chansons à boire manuscrites, contenant des pièces plus que grivoises, l'ouvrage avait cette inscription : *appartenant à Mlle de Messine*. La poétesse Mme de Saintonge a mis une quinzaine de chansons à boire dans ses poésies galantes, 1696.

Il a existé de tout temps et il existe encore de nombreuses sociétés de buverie. L'abbé Grandidier a écrit un mémoire sur une de ces sociétés, fondée en 1586 à Haut-Barr (Alsace), on l'appelait *Confrérie de la Corne*. L'épreuve du récipiendaire consistait à vider la corne d'un trait; or celle-ci contenait deux pots de vin, plus de trois litres.

Quant à l'usage de boire à la santé, il se pratiquait dans l'antiquité païenne; les Romains ont continué la tradition des Grecs. Les chrétiens buvaient aussi en l'honneur des saints, surtout de saint Nicolas; Charlemagne, dans ses *Capitulaires*, défendit cet excès de dévotion (1).

Pour en revenir au dix-septième et au dix-huitième siècle, nous ne ferons que citer les chansons à boire à deux ou à trois voix, nécessairement composées par des musiciens, elles n'en étaient pas plus remarquables pour cela; au commencement du dix-huitième siècle les Ballard en ont imprimé des quantités.

La chanson à boire n'est plus guère de mode aujourd'hui; on ne l'a conservée qu'au théâtre.

---

(1) *Aménités littéraires*, 1773, t. I, p. 148.

LES CHANSONS A DANSER.

Ce qu'on appelait autrefois *danser aux chansons* ne s'appliquait à aucune danse particulière : au lieu de chanter au repos, on se tenait par la main, et l'on chantait en tournant, comme font encore les enfants pour leurs *rondes*. Dans ces temps éloignés, où l'art instrumental était dans son enfance, on ne rencontrait pas un ménétrier dans chaque village.

La Confrérie de Saint-Julien, fondée en 1330, dont les ménétriers firent partie dès l'origine, et qui s'y trouvaient encore au dix-septième siècle, cette confrérie, disons-nous, ne prodiguait pas ses artistes à la campagne, où on n'aurait pu les payer suffisamment, d'après les réglements de la société. Même en 1741 on trouve ce curieux article 26 : « On exclut de la communauté les gens sans capacité, dont les talents, bornés à l'amusement du peuple, doivent être relégués dans les *guinguettes*. On leur permet seulement d'une espèce de violon à trois cordes, nommé *rébec, sans qu'ils puissent se servir d'un violon à quatre cordes, sous quelque prétexte que ce soit, à peine de confiscation au profit des pauvres;* à la charge par eux de se faire inscrire comme joueurs de rébec, au cas qu'ils fassent à Paris une résidence de quatre jours. » Même ces pauvres diables, *sans capacité*, devaient payer un tribut au *roi des violons!*

Comme il n'y avait alors des guinguettes que dans les villes, le peuple de la campagne était bien forcé de danser aux chansons, et sans doute qu'il ne s'en trouvait pas plus mal.

Dès le seizième siècle on a publié des chansons à danser; le siècle suivant nous en fournit une assez grande quantité, comme le *Recueil des plus beaux airs accompagnés de chansons à danser, etc. Caen, Jacques Mangeant,* 1615. — *Le Parnasse des muses ou Recueil des plus belles chansons à danser, auquel est ajouté le concert des enfants de Bacchus. Paris*, 1627. — *Le Trésor des plus belles chansons et airs de cour, tant pastorales que musicales propres à danser et jouer sur toutes sortes d'instruments par le sieur de Saint Amant et autres beaux esprits de ce temps, etc. Troyes; Jacques Oudot,* 1699.

Grâce aux imprimeurs Ballard, il nous est resté de nombreuses chansons à danser. Dans le premier volume des *Brunettes*, 1719 (1), on lit : « A l'égard des douze *chansons à danser en rond* qui finissent ce volume, on les a choisies entre les meilleures de cette espèce, et on les a fait suivre par les couplets qui peuvent se souffrir...! »

Il paraît qu'on y chantait des choses fort légères, car l'éditeur continue à affirmer qu'il ne donnera rien qui puisse choquer la pudeur.

Ces chansons à danser avaient nécessairement un rythme bien accusé; c'est parmi elles qu'on trouve :

———

(1) *Brunettes ou petits airs tendres, etc., mêlées de chansons à danser*, J.-B. Christophe Ballard, 1719.

Le recueil complet se compose de trois volumes, publiés à des dates différentes.

En 1724, l'officine des Ballard mit au jour : *Les rondes, chansons à danser,* etc. 2 vol. in-12.

Chacun de ces volumes renferme cent cinquante airs notés ; c'est là qu'il faut chercher l'ancienne tradition de beaucoup de rondes, que les enfants chantent encore, mais dont l'air et les paroles ont considérablement dévié. Nous citons :

J'allois à la fontaine,
Pour y cueillir du jonc,
Mais j'étois trop jeunette :
Verduron, oh! verdurette!
Je suis tombée au fond ;
Verdurette, oh! verduron!

Mais j'étois trop jeunette,
Je suis tombée au fond ;
Et par icy passèrent :
Verduron, oh! verdurette!

Trois beaux jeunes garçons :
Verdurette, oh! verduron!

Et par icy passèrent
Trois beaux jeunes garçons :
« Que donnerez-vous, belle :
Verduron, oh! verdurette!
Nous vous retirerons :
Verdurette, oh! verduron!

Que donnerez-vous, belle,
Nous vous retirerons?
— Quand serai retirée,
Verduron, oh! verdurette!
Nous y aviserons :
Verdurette, oh! verduron!

Quand seray retirée,
Nous y aviserons.
Quand je fus retirée :
Verduron, oh! verdurette!
Leur dis une chanson,
Verdurette, oh! verduron!

Quand je fus retirée,
Leur dis une chanson,
Voilà comme les filles :
Verduron, oh! verdurette!
Attrapent les garçons,
Verdurette, oh! verduron! »

Autre chanson à danser :

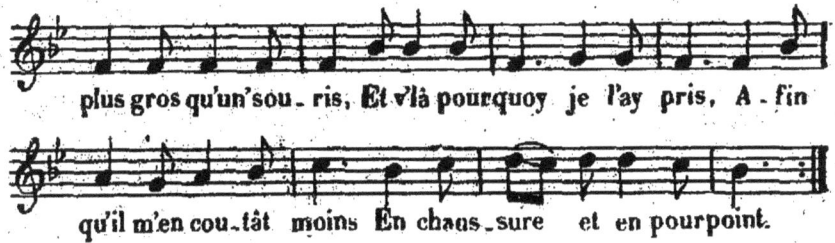

plus gros qu'un'sou‑ris, Et v'là pourquoy je l'ay pris, A‑fin qu'il m'en cou‑tât moins En chaus‑sure et en pourpoint.

 Et du dedans d'une noix (*bis*)
 Je l'ay bien nourri trois mois (*bis*)
 Mon joli petit mary :
 Et v'là pourquoy je l'ai pris,
 Afin, etc.

 De la p'lure d'un oignon (*bis*)
 Je luy ay fait un cal'çon (*bis*),
 Avec un bonnet de nuit :
 Et v'là pourquoy etc.

 D'une feuille d'artichaud (*bis*)
 Je luy ay fait un manteau (*bis*),
 Et une culotte aussi :
 Et v'là pourquoy etc.

 De la coquille d'un œuf (*bis*)
 Je le couvre quand il pleut (*bis*)
 Et quand il neige aussi :
 Et v'là pourquoy etc.

 D'un' vieille aiguille épointé' (*bis*)
 Je luy ay fait une épé' (*bis*),
 Et un p'tit poignard aussi :
 Et v'là pourquoy etc (1).

A partir du règne de Louis XIV et surtout sous Louis XV on mettait des paroles sur les airs de danse composés pour les instruments, mais le but de ces parodies était d'en faire des airs de chant et non des chansons à danser; d'ailleurs le peuple de la campagne n'a guère eu connaissance de ces arrangements ou travestissements.

---

(1) En 1724 il n'est pas question de la mort tragique de ce petit mari, enlevé et dévoré par le chat, qui le prend pour une souris.

Le sujet des chansons à danser était le plus souvent assez grivois, c'est même dans ces sortes de chansons que la gauloiserie se laissait aller à tous ses excès ; ce sont elles aussi que visent les défenses des conciles, qui ont sévi avec vigueur plus d'une fois contre cet amusement populaire déraillé. L'Allemagne, sous ce rapport, ne pouvait rien nous envier, car au seizième siècle, et sans doute aussi un peu au dix-septième, ce pays avait ses rondes du soir, où le prix était la couronne de fleurs d'une fillette, mais c'était le cas de dire que quand elle avait perdu sa couronne, elle avait tout perdu ; on trouve à ce sujet dans les anciennes polices de quelques villes d'Allemagne des défenses sévères aux jeunes filles de donner leur couronne de fleurs comme enjeu ou comme prix dans une réunion de chant et de danse.

En France, comme ailleurs, les danses aux chansons étaient menées par des chanteurs spéciaux, par des solistes ferrés sur le répertoire, et sachant sans faute les innombrables couplets. Non seulement ces chanteurs (c'étaient quelquefois des chanteuses) entonnaient la chanson, mais la continuaient jusqu'à la fin de la strophe, où généralement toute l'assemblée reprenait le refrain en chœur, car presque toutes les chansons à danser avaient des refrains.

Dans les villes il y a fort longtemps qu'on ne danse plus aux chansons, même à la campagne cela se voit assez rarement, sauf dans quelques provinces qui conservent encore d'anciennes traditions, comme la Bretagne. En Normandie, à Étretat entr'autres, nous avons vu danser aux chansons. De nos jours, il n'y a plus que les enfants qui, dans leurs rondes, continuent cette coutume de nos aïeux.

CHAPITRE IV.

LES MESSES SUR DES THÈMES POPULAIRES.

Comme les messes, écrites sur des timbres populaires apparaissent à peu près en même temps que les chansons profanes à plusieurs voix, il serait difficile de dire laquelle de ces deux formes a précédé l'autre. On a mis en avant différentes raisons en faveur des messes, cependant ces raisons ne nous paraissent pas tout à fait concluantes.

Au quatorzième et au quinzième siècle, où les épîtres farcies, les fêtes des fous, de l'âne, etc., avaient envahi les églises, il n'est pas bien étonnant que la messe à thème populaire soit éclose à son tour. On peut supposer encore que devant l'uniformité, la monotonie du plain-chant (1), tel qu'on le chantait alors, les compositeurs aient songé à rompre cette quiétude musicale par des chants plus rythmés, tout en ayant aussi l'arrière-pensée de gagner de cette façon la sympathie de leur auditoire par des airs connus de tous; d'autres fois enfin on adoptait un thème préféré par tel prince ou tel grand seigneur, afin de flatter sa vanité et de s'attirer ses bonnes grâces. Enfin nous signalerons finalement comme origine probable de ces singulières compositions, à coup sûr nées en France, l'ancienne manière d'écrire le *déchant*, où la voix supérieure avait presque toujours pour Basse quelque chant emprunté au Rituel, soit hymne, antienne ou prose, au moins par fragment. Plus tard, quand on a écrit à plusieurs voix, cette combinaison continua de subsister : on donnait généralement au *ténor* (*teneur*) le thème principal, contrepointé par les autres voix.

---

(1) Au moyen-âge on *fioriturait* le plain-chant, il est vrai ; mais c'étaient les phénix du chant qui exécutaient ces sauts périlleux.

La plupart des chansons à quatre voix du quinzième et du seizième siècle sont écrites sur ce patron, sur ce moule. On n'avait donc qu'à assimiler cette manière de traiter la musique profane à la musique d'église, et nous croyons en dernier lieu que c'est ainsi que sont nées les messes sur des thèmes populaires.

Dans ces sortes de messes la chanson populaire est évidemment la clef fondamentale de l'œuvre, qui se développe sur ce thème ; on la rencontre à chaque instant, fournissant une phrase, un lambeau de phrase, et disparaissant au milieu des syncopes, des imitations, des retards et autres artifices du contre-point.

Quant à la *chanson entière,* nous n'avons jamais pu en rencontrer une seule dans les nombreuses messes de ce genre qui ont servi de base aux études de ce chapitre : on emploie généralement la première phrase de la chanson, quatre ou six mesures, rarement davantage, et si la suite de l'air populaire renferme quelque chose de saillant, ces motifs, fragmentés, découpés de mille manières, ne rappellent plus guère le thème primitif, perceptible à grand'peine.

Contrairement à ce que dit Fétis (1), on ne rencontre jamais le texte de la *chanson profane.* Cette dernière sert à désigner la messe ; on trouve généralement le premier vers (jamais davantage), écrit ou imprimé sous la voix, ou plutôt au-dessus de la voix qui entonne d'abord l'air populaire.

Ce texte n'aurait d'ailleurs aucune raison d'être plus complet, puisque le thème s'interrompt dès les premières mesures.

Le Ténor ne chante pas exclusivement le fragment du thème

---

(1) Fétis, *Biographie des musiciens,* à *Palestrina,* p. 480 : « Tandis que trois ou quatre voix chantaient le texte latin, la partie qui chantait la mélodie, *disait* ou les paroles de l'Antienne ou même celles de la chanson italienne, française, quelquefois lascives et grossières. »

Ceci n'est appuyé par aucun document ; bien mieux, les documents prouvent le contraire. Ad. de la Fage exprime la même opinion que nous dans ses *Extraits d'une petite Bibliothèque musicale,* page 118.

profane, on rencontre celui-ci dans toutes les autres parties, mais très souvent il n'y a que quatre ou cinq notes de ce thème. Parfois aussi le compositeur ajoute un second motif de son invention, ayant une apparence de chant populaire.

Ce n'est pas toujours un air profane qui sert de timbre à ces messes, on le remplace aussi par quelque ancienne hymne ou prose, mais beaucoup moins fréquemment. M. Ambros, dans son *Histoire de la musique* (vol. III, p. 46), observe que ces titres bizarres avaient quelque chose de plus individuel, et caractérisaient bien mieux l'œuvre du musicien que l'appellation de *messe en ut, deuxième messe en si b*, etc. pratiqué de nos jours.

Quoi qu'il en soit, cette coutume était si générale, que lorsque par exception, un maître écrivait une messe entièrement de sa composition, il l'intitulait *sine nomine*.

Dans une proportion très inférieure à celle des messes, on trouve des motets à thème populaire, comme le *Stabat mater* de Josquin des Prés sur *Comme femme*, ou la séquence *Victimæ paschali laudes* du même Josquin sur : *d'ung aultre amer*, et *De tous biens pleine*; citons encore le *Tota pulchra es* d'Agricola, avec le timbre *Belle sur toutes*.

Il est une chanson populaire qu'on date du quatorzième, même du treizième siècle : *l'Homme armé* ; G. Dufay s'en est servi à la fin du quatorzième siècle pour l'une de ses messes, et depuis lui, à peu près tous les compositeurs, grands et petits, ont pris pour timbre de l'une de leurs messes la même chanson, et cela pendant deux siècles environ (1).

Aaron (2) croit que *l'Homme armé* est de Busnois : « *Si exis-*

---

(1) Sur *l'Homme armé* nous connaissons des messes de Dufay, Busnois, Regis, Caron, Brumel, de la Rue, Pipelare, de Orto, Compere, Fauques, Tinctor, Philippon, Vacqueras, Forestyn, Josquin des Prés, Morales, Orlando de Lassus, Palestrina, Carissimi et plusieurs anonymes. Quelques-uns de ces compositeurs ont écrit plus d'une messe sur *l'Homme armé*, comme Josquin qui en a écrit trois ; celle de Carissimi est à douze voix.

(2) *Aaron, Thoscanello* 1523, l. I, ch. XXXVIII.

tima che da Busnois fusse trovato quel canto chiamato LOME ARMÉ, malheureusement les dates ne s'arrangent pas pour cela (1). Jusqu'à nouvelles preuves nous continuerons à prendre *l'Homme armé* pour une chanson populaire. Voici d'abord la notation de Tinctor, qui écrivait en 1470 son *Proportionale musices* :

Si *l'Homme armé*, était un simple titre et que le texte commençât par *Eh, Robinet, tu m'as la mort donné, Quand tu t'en vas*, cela pourrait être quelque complainte ou regrets d'une belle, dont l'ami de cœur s'est engagé dans une troupe de soudards. Mais il n'en est pas ainsi, les paroles *l'Homme armé* font partie de la chanson même, et alors la suite n'en est plus une ; aussi nous ne croyons pas que ce soit là le texte original, mais que, du temps de Tinctor, cette chanson avait déjà subi une transformation : l'ancien texte n'étant plus compréhensible en 1470.

---

(1) D'après Fétis, Dufay a dû naître entre 1350 et 1355 ; en 1380, il était attaché à la chapelle pontificale ; mort en 1432. Il a dû faire sa messe de *l'Ome armé* en l'année 1400, ou bien près, mais plutôt avant. Or, Busnois est mort en 1480 ; en le faisant naître en 1400, il ne pouvait fournir un thème à Dufay. Busnois d'ailleurs n'est réellement connu qu'en 1467, où il est chantre de Charles le Téméraire, et alors Dufay était mort depuis trente-cinq ans.

M. Bottée de Toulmon, tout en citant Tinctor, reproduit la chanson ainsi (1) :

A part les quatre premières mesures, cela n'a plus aucun rapport avec la notation de Tinctor, qui ne donne pas non plus cet air en *sol mineur*.

D'après la première messe de Josquin Després (1480) ce thème serait (2) :

Ce n'est toujours que le premier membre de la phrase musicale qui est conforme, le reste dévie, et toutes ces déviations ne semblent plus faire partie de la chanson. Josquin lui-même dans sa chanson de l'*Homme armé* à quatre voix (voyez le chapitre des madrigaux) donne le thème en rythme binaire :

---

(1) *De la chanson musicale en France*, par Bottée de Toulmon. Paris, 1836.
(2) Collection Bottée de Toulmon, au Conservatoire.

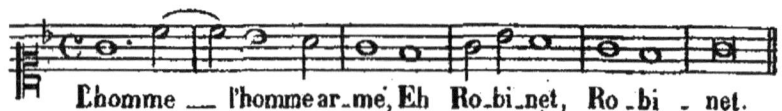

L'homme — l'homme ar_mé, Eh Ro_bi_net, Ro_bi_net.

En dernier lieu, nous copions la notation donnée par Fétis dans son *Histoire générale de la musique*, volume V, page 56 ; Fétis n'indique pas sa source, mais on s'aperçoit sans peine que c'est la version de Bottée de Toulmon, transposée d'une quarte dans le grave, mise en majeur, avec de légers changements :

Pour donner une idée de la façon dont on se servait de ce thème, nous le citerons d'après les messes de De la Rue, Josquin Després, Jacques Obrecht et Palestrina. On verra chez tous ces maîtres, qu'après la première phrase, le thème dévie de celui donné par Tinctor, et qu'au lien de

Et Ro_bi_net tu m'as la etc

on trouve   ou bien

qui semble être la vraie suite. Il n'y a donc en réalité que le commencement qu'on puisse regarder comme authentique :

L'hom_me, l'hom_me — l'homme ar _ mé

et encore le rythme de cette première phrase est-il altéré de toutes sortes de façons par chacun des quatre compositeurs cités :

Dans la messe de De la Rue, le *ténor* entonne le premier fragment de la chanson, non seulement à toutes ses entrées des différentes parties de la messe, mais il le reprend encore souvent dans le courant de ces morceaux.

Les autres voix de même commencent fréquemment avec ce thème transposé, au point d'amener la monotonie, pour ne pas dire l'ennui.

Au *Kyrie* de Josquin, toutes les voix entrent successivement sur le même fragment; dans les autres parties de la messe, les voix le reprennent de temps en temps, et souvent ne le font entendre que divisé, raccourci : des fragments de fragment. Chez Obrecht, les autres voix que le ténor entrent également avec ce thème dans plusieurs endroits de la messe. Enfin Palestrina, lui, donne toujours le thème au soprano; le travail paraît plus moderne, et puis ce thème revient bien moins souvent : c'est du tact.

Palestrina a écrit sur l'*Homme armé* plusieurs messes (1), l'une à trois temps, l'autre ou les autres en rythme binaire; voici le début de celle à quatre voix :

---

(1) Notre version est donnée d'après l'exemplaire de la bibliothèque Palatine de Vienne (bibliothèque impériale). Les éditeurs Härtel et Breitkopf de Leipzig ont publié dans leur édition des œuvres de Palestrina, vol. XII, la messe à cinq voix sur l'*Homme armé*; on verra là également combien peu la chanson populaire est reconnaissable, au milieu de ces merveilleuses combinaisons de contrepoint. Zacconi et Cerone ont chanté les louanges de cette messe.

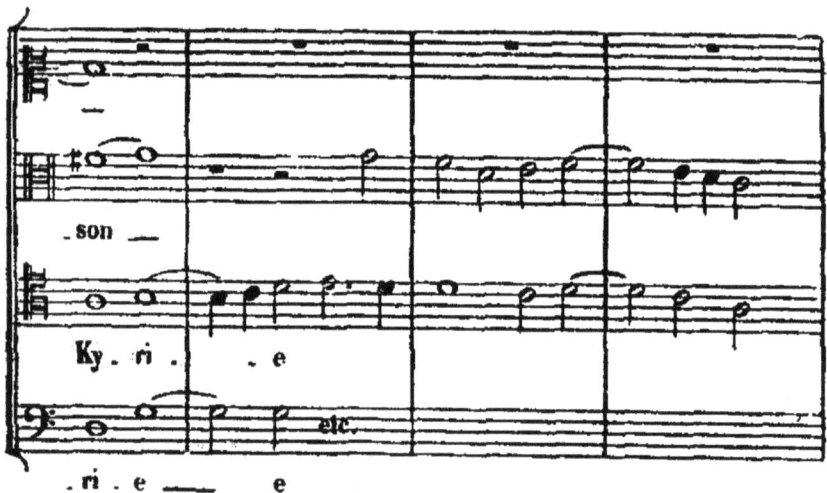

C'est là une preuve de plus que les compositeurs n'avaient aucun souci de laisser le thème de la chanson dans sa forme primitive : c'était un mannequin qu'on retournait, qu'on habillait de mille manières, sans ménagement, sans scrupule et sans souci, taillant, rognant, augmentant, diminuant, selon les besoins de l'imitation ou la marche du contrepoint. Dans toutes ces messes, le compositeur est beaucoup moins préoccupé de faire entendre la chanson que son travail personnel.

Durant sa direction honorifique de la bibliothèque du Conservatoire, M. Bottée de Toulmon a fait copier dans les bibliothèques de Munich et de Vienne des pièces nombreuses, surtout des messes du quinzième et du seizième siècle. C'est dans ces documents précieux que nous avons relevé plus spécialement les *titres de messes* qui suivent, sauf quelques exceptions; ils prouveront surabondamment la vogue attachée à ces compositions, en même temps sérieuses et grimaçantes.

Auteurs.	*Messes sur :*	*Auteurs.*	*Messes sur :*
AGRICOLA.	Malheur me bat.	FLORIUS.	Comme la tourterelle.
BARBIRIANUS.	Faux pervers.	id.	Un jour l'amant et la mie.
id.	Pourquoi allez-vous seulette.	GARDANE.	Vivre ne puis.
BRUMEL.	A l'ombre d'ung buissonet.	GASCONG.	La vert' aurora.
CARPENTRAS(1).	Se mieulx ne vient.	id.	Che puoi tu farmi amore.
id.	A l'ombre d'ung buissonet.	id.	Dolce fiametta mia.
id.	Le cœur fut mien.	id.	Dolce mio ben.
id.	En amour n'a sinon bien.	GASPARD.	N'as-tu pas.
id.	Fors seulement.	GILIO.	S'io piange e s'io sospiro.
id.	Encore irai-je jouer.	GOUDIMEL.	Le bien que j'ay.
CERTON.	Sus le Pont d'Avignon.	F. GUERRIERI.	De la batalla escoutez.
id.	Le temps qui court.	GUYON.	Je suis déshéritée.
CLEMENS (non papa).	J'ai vu le cerf du bois saillir.	JOSQUIN DES PRÉS.	L'homme armé.
COLINS.	Estans assis.	id.	L'amy Baudichon.
CRÉQUILLON.	Se dire je l'osois.	id.	Malheur me bat.
id.	Las! il faudra.	id.	Faysant regretz.
DE ORTO (Desjardins).	La belle se sied.	id.	De village.
DIVITÈS.	Adieu mes amours.	id.	Des rouges nez.
DUFAY.	Se la face ay pale.	id.	De tous biens pleine.
ECCARD.	Mon cœur se recommande à vous.	id.	Fortuna disperata.
FABER.	Depuis qu'une jeune fille.	id.	Dung autre amer.
		id.	Una musque de Biscaia
		DE LA RUE.	Tous les regres.
		id.	L'homme armé.
		id.	Fortuna disperata.

---

(1) *Liber primus Missarum Carpentras.* In-folio imprimé à Avignon, par Jean de Channay, 1532.

Lassus (Orlando de).	Dictes maîtresse.	Lassus	Bella Amphitrit' altera.
id.	Tant vous allez doulce.	id.	Vinum bonum.
id.	Las! je n'irai plus.	id.	Der Tag ist so freudenreich.
id.	Triste départ.	Ludovicus.	Si mon service a mérité.
id.	Vous perdez temps.		
id.	Je suis déshéritée.	Maillard.	Je suis déshéritée.
id.	Hélas, j'ay sans merci.	J. Mouton.	Dittes moy toutes vos pensées.
id.	Si par souhait.		
id.	Susanne un jour.	Obrecht.	L'homme armé.
id.	Entre vous filles de seize ans.	Palestrina.	L'homme armé.
		Pipelare.	L'homme armé.
id.	Hélas! j'aime sans merci.	Rore (Ciprian di)	Vivat Felix Hercules.
		Roselli.	Baisez-moy.
id.	L'homme armé.	Senezdonck.	Wer ist die aller liebste mein?
id.	Le berger et la bergère.		
id.	D'ogni grazia d'amore.	Stichels.	Si j'avois pourpoint de velours.
id.	Aurora vezzosa.		
id.	Amar donna.	Vaert.	J'ay mis mon cœur.
id.	Io son ferrito hai lasso.	Anonyme.	Il est écrit à la rebour (1).
id.	Amor ecco colei.		

En examinant avec patience les difficultés réelles que les maîtres du seizième siècle prodiguaient dans leurs messes, canons énigmatiques, mélanges des temps parfaits et imparfaits dans les différentes voix, mais exécutés simultanément, etc., etc., on se demande si tout cela n'était pas fait à plaisir pour désorienter, dérouter les chantres. A cette époque, même avant et après, tous les grands compositeurs étaient chantres, ce qui ne veut pas dire que tous les chantres étaient compositeurs : pour les musiciens qui voulaient vivre de la musique, il n'y avait pas d'autre état possible, la composition des madrigaux à quatre ou cinq voix ne pouvait faire vivre un homme.

Dans cette situation, les compositeurs, en frottement conti-

---

(1) Nous aurions pu allonger cette liste du double. L'origine de la messe *la sol fa re mi* de Josquin des Prés est assez curieuse : Josquin, dans sa jeunesse, se trouvant en Italie et cherchant un emploi, un grand seigneur lui promit sa protection pour quelque place ou faveur, et comme ce seigneur lui disait de temps en temps : *Lasso fare mi* (lasci far a me) et l'emploi n'arrivant pas, Josquin composa la messe *la sol fa re mi*, pour se rappeler à la mémoire de son protecteur.

nuel avec les chantres et sous-chantres non compositeurs, l'amour-propre ne leur a-t-il pas suscité parfois ces horribles complications pour donner quelque croc-en-jambe à ces confrères, qui se permettaient sans doute quelquefois de les critiquer de les railler (1)?

Qu'on lise la brochure de M. Bottée de Toulmon sur l'*Agnus Dei* de la messe *super l'Homme armé* de Pierre de la Rue, et l'on sera peut-être de notre avis.

Quelle cacophonie devait produire la première lecture d'ensemble d'une messe de ce genre, avec les *prolations*, les *hémiolies*, les *proportions*, les *augmentations*, les *divisions*, les *altérations*, les *perfections*, les *imperfections*, les *énigmes*, les *nœuds*, les *canons*, et même la savait-on sans faute, cette messe à l'exécution? Cela nous paraît improbable, surtout lorsqu'en examinant ces messes, manuscrites ou imprimées, on fixera son attention sur la négligence avec laquelle les paroles se trouvent placées sous les notes, c'est à n'y pas croire : ce côté de l'exécution paraît avoir été complètement abandonné à l'intelligence des exécutants (2). Or, le degré d'intelligence variant d'individu à individu, ce devait être une véritable chasse à courre après les notes et les paroles. Cela est si vrai, que le concile de Trente (1563), en bannissant de l'église les messes sur des chansons profanes ou sur des paroles latines étrangères à celles de la messe, insiste spécialement là-dessus par la voix de ses délégués : « Les messes doivent être composées de façon à ce qu'on entende les paroles. » On devine bien ce que devait être cette chasse contrepointée, où les paroles liturgiques devenaient un accessoire en quelque sorte, où l'on teignait les notes en noir, quand il s'a-

---

(1) Zacconi, dans sa *Prattica musica*, 1696 (p. 115 *verso*), en parlant de la messe de Josquin (*l'Homme armé*) dit : « *Se bene quelle resolutioni, haveriano anco bisogno di qualche particular ragionamento, per essere a cantori alquanto dubbiose et oscure*, etc.

(2) Baini, dans ses Mémoires sur la vie et les ouvrages de Palestrina, observe qu'il a trouvé souvent des endroits de messes où les notes étaient insuffisantes pour les syllabes placées au-dessous.

gissait de ténèbres, d'obscurité ; en rouge, quand on parlait du soleil ou de la lumière ; en vert, quand il était question des champs, des vignes, des prairies. Ce fut à cette occasion et sous le pontificat de Pie IV que Palestrina écrivit la célèbre messe du *Pape Marcel,* ainsi que deux autres comme modèles d'un style et d'une facture épurée de musique d'église. Il paraît qu'Animuccia avait fait en même temps un travail identique.

Adrien de La Fage (1) complète le tableau que nous avons effleuré, quant aux excès des compositeurs du seizième siècle dans leur musique religieuse : « Tantôt l'on écrivait la musique destinée à l'église indépendamment des paroles, que les chanteurs adaptaient tant bien que mal au-dessous ; tantôt l'on faisait des contrepoints sur des pièces ou fragments tirés du chant grégorien qui se chantait en même temps que les paroles de l'ordinaire de la messe : telle est la première messe publiée par Palestrina. L'une des pièces les plus singulières en ce genre est une composition qui fut alors regardée comme un prodige ; elle est entièrement traitée sur les mélodies grégoriennes : une des parties chante l'*Ave Regina cœlorum,* l'autre le *Regina cœli,* la troisième l'*Alma Redemptoris mater,* et la dernière l'*Inviolata.* Cette idée bizarre, du célèbre Josquin Desprez, fit fortune, et nombre de compositeurs du temps l'imitèrent. »

Nous ne suivrons pas plus loin de La Fage, car il prétend avec Fétis qu'on chantait les chansons populaires durant les messes ; nous avons prouvé au commencement de ce chapitre que cela n'était absolument pas possible.

Nous nous sommes étendu un peu longuement sur cette question des messes avec des thèmes profanes, afin qu'on ne les confonde pas avec les abus et les scandales produits à l'église par les *proses farcies* et tout leur attirail indécent, dont il est question dans le chapitre suivant.

---

(1) *Miscellanées musicales*, page 487.

CHAPITRE V.

LA CHANSON A L'ÉGLISE. — ÉPITRES FARCIES. — NOELS. — CANTIQUES. — LA RÉFORME ET LES PSAUMES.

La religion du Christ eut fort à faire pour détruire ces fêtes païennes des Saturnales, des Lupercales, des Calendes, etc., fêtes des plus populaires à cause de leurs excès mêmes.

Les conciles d'Orléans (533), d'Auxerre (585), de Tolède (633), de Constantinople (692), etc., furent impuissants pour les anéantir.

Les fêtes des Fous, des Innocents, de l'Ane, de la Mère sotte à Dijon, ont donné signe de vie jusqu'à la fin du seizième siècle et même plus tard, quoiqu'alors en moins grand nombre. Érasme (1521), en parlant du chant à l'église, relativement à toutes ces sortes de fêtes, dit : « Alors résonnent les trombones, les trompettes, les cornets, les fifres, les orgues, et l'on chante avec. On entend de honteuses chansons d'amour, d'après lesquelles dansent les mauvais garçons et les filles publiques. Ainsi on court en foule aux églises, comme à un lieu de divertissement, pour entendre quelque chose de gai et de réjouissant. »

Pour l'honneur du genre humain, ce que chantaient ces filles et ces mauvais garçons n'a pas été conservé; par contre la *Prose de l'âne* se trouve notée dans divers manuscrits, avec de grandes variantes il est vrai. La version attribuée, à tort ou à raison, à Pierre de Corbeil, est celle-ci :

Les *épîtres farcies* se chantaient particulièrement pendant les fêtes de Noël ; la plus ancienne et la plus généralement répandue était celle du jour de Saint-Étienne. C'est une complainte sur le martyre de ce saint, dont le savant abbé Lebœuf fait remonter l'origine aux temps de Pepin et de Charlemagne. Avant que ces rois introduisissent en France la liturgie romaine, on avait l'habitude de lire à la messe, l'histoire ou la vie du martyre, du saint honoré ce jour-là. Ces actes étaient d'abord en latin, et on y joignait une explication en langue vulgaire; puis on les chanta en couplets, alternativement en latin et en langue vulgaire. Ce mélange de deux langages fit donner à cette épître le nom de *farcie* ou mélangée, sans qu'on attachât à cette expression, au moins dans les premiers temps, rien qui ressemblât à l'idée que réveille le mot *farce* (1).

Les chansons légendaires sur la vie des saints ou des héros chrétiens avaient déjà une grande vogue parmi le peuple français au douzième et au treizième siècle; il en était de même dans les autres pays de l'Europe. Gauthier de Coinsi, mort en 1236, a écrit plusieurs de ces légendes françaises.

Si nous devions simplement mentionner toutes les fêtes du peuple de France, se rattachant à l'église, rappeler toutes ces intempéries de mœurs, ces excès, ces folies tolérées et appuyées même par des prêtres ignorants, il y aurait de quoi écrire un

---

(1) *Essai sur la vie et les ouvrages du P. Daire, etc., avec les Épîtres farcies, etc.*, par M. Rigollot, Amiens, 1838, p. 88.

volume spécial ; ce sujet a d'ailleurs été traité isolément par bien des écrivains. Citons cependant les *Jeux de la Fête-Dieu à Aix,* sorte de procession théâtrale instituée par le roi René en 1462. On y chantait, et même on y dansait. Les airs qu'on a reproduits, en décrivant ces bizarres et ridicules inventions du bon roi, comte de Provence, ne sont pas du temps, ils datent du dix-huitième siècle (1).

NOELS.

Le noël semble être la forme la plus ancienne sous laquelle la chanson pieuse en langue vulgaire se soit introduite à l'église, non pas comme chant liturgique, mais comme chant toléré.

D'après l'abbé Lebœuf (2), « l'usage des cantiques vulgaires qui se chantent en bien des provinces la nuit de Noël dans les églises, et qui pour cette raison en ont eu le nom de *noël* (3), prit son origine environ dans le temps où le peuple cessa d'entendre le latin (neuvième siècle). Lambert, prieur de Saint-Wast d'Arras, dont j'ai trouvé les poésies latines écrites l'an 1194, assure que cet usage était particulier aux Français. » Lambert écrit :

> Lumine multiplici noctis solatia præstant,
> Moreque Gallorum carmina nocte tonant ;

c'est-à-dire que les fidèles dans les divertissements de cette nuit triomphaient de l'obscurité en s'éclairant avec beaucoup de lumières et passaient la nuit à chanter des cantiques. »

---

(1) *Explication des cérémonies de la Fête-Dieu d'Aix en Provence,* par Grégoire, 1707.
(2) L'abbé Lebœuf, *Traité historique et pratique sur le chant ecclésiastique,* 1741.
(3) A côté de l'origine chrétienne il y origine païenne ; là on prétend que *Noël* était le cri de joie poussé par les druides et le peuple, quand le soleil revenait après l'hiver. Du temps de Charles VII et probablement avant, *Noël* était l'équivalent de *vivat.*

C'est par suite de cette tolérance dans les églises qu'on vit naître en même temps le cantique farci et l'*épître farcie,* c'est-à-dire moitié en latin, moitié en français, pour la compréhension du peuple. On rencontre aussi quelques noëls moitié latins, moitié français, mais leur origine est beaucoup moins ancienne que celle des épîtres farcies. Au quinzième siècle le noël existait de fait, dans les mystères de l'Incarnation et de la Nativité ; il s'est résumé depuis en un cantique descriptif, traitant invariablement le même sujet, la naissance de l'enfant Jésus (1).

Estienne Pasquier, qui écrivait au seizième siècle, dit, dans ses *Recherches de la France:* « En ma jeunesse c'estoit une coustume que l'on avoit tournée en cérémonie, de chanter presque tous les soirs, presque en chasque famille des nouëls, qui estoient chansons spirituelles, faites en l'honneur de Notre-Seigneur. Lesquelles on chante encore en plusieurs églises, pendant que l'on célèbre la grand'messe, le jour de Nouël, lorsque le prestre reçoit les offrandes. »

Fétis, dans ses *Curiosités de la musique,* p 76, attribue, gratuitement selon nous, la composition des anciens airs de noëls à Pierre Certon, Maillard, Arcadelt, Clément Jannequin, Mornable, les deux Vermont, Févin, du Buisson, du Caurroy et à quelques autres. C'étaient là des musiciens qui ont écrit des chansons à quatre voix, dans le style contrepointé du temps ; on peut les lire dans le précieux recueil de Pierre Attaignant (1530), à la Bibliothèque nationale, mais rien ne prouve que ces musiciens aient eu à leur disposition deux styles complètement différents, et qu'ils aient fait la musique d'aucun de nos anciens noëls, dont la plupart se sont chanté et se chantent encore sur d'anciens airs de danse, ou bien sur des vaudevilles nés sous la Fronde, et même sur des airs beaucoup moins anciens.

---

(1) Il est essentiel de ne pas confondre ce mot avec *Noël de cour ;* ce dernier signifie une parodie, ou bien une satire fort grivoise, généralement dirigée contre des personnages de la cour.

Le caractère vif et sémillant de quelques uns de ces noëls n'a rien de commun avec la musique en rondes et en blanches des Arcadelt, des du Caurroy, des Mornable, etc.

Au seizième siècle, ce n'était pas chez les compositeurs que le peuple allait chercher sa musique, il n'y aurait rien compris ; c'est même le contraire qui eut lieu, comme on a pu le voir dans notre chapitre sur la *Chanson musicale* à plusieurs voix.

Anciennement, jusqu'au commencement de ce siècle, les noëls étaient très aimés et très recherchés par le peuple et par la bourgeoisie. Cette aspiration multiple créa des poètes qui fournissaient chaque année des pièces nouvelles, dont on ne gardait guère plus la mémoire que de la neige d'antan : le nouveau faisait disparaître l'ancien. C'est même pour cela que les recueils de noëls du seizième et du dix-septième siècle sont si rares, les tirages disparaissaient à peu près complètement, chassés par les poètes qui arrivaient avec du nouveau. Il y a toutefois quelques exceptions, où une seconde édition, soit un second tirage, venait renouveler la provision ; mais le vrai succès a toujours été pour la *Bible des noëls,* composée en grande partie par des auteurs inconnus, mais parlant le langage du peuple.

Au seizième siècle, on a chanté les noëls de Lucas Lemoigne (1), Jehan Chapperon (2), Jean Daniel (maître Mitou),

---

(1) Dans ces derniers temps, M. le baron Pichon a réédité les noëls de Lucas Lemoigne, tirés à 25 ou 30 exemplaires, juste le nombre nécessaire pour qu'on ne puisse ni les voir ni les avoir; au point de vue des études, comme utilité surtout, ces sortes d'éditions nous ont toujours paru d'une très haute portée, personne ne pouvant les atteindre. Les *Grans N*... *ouveaux réduits sur le chant de plusieurs chansons nouvelles*, in-12 goth. Y 6088, Bibliothèque nationale, ont été édités chez Jean Bonfons, sans date, les noëls de Lemoigne n'en ont pas davantage ; le noël *Or nous dites Marie* sur l'air : *Hélas ! je l'ai perdue celle que j'aymois tant*, diffère considérablement de la version de M. le baron Pichon, et nous regarderions volontiers comme la meilleure celle de Jean Bonfons ; elle est en tout cas la plus complète : rien ne prouve d'ailleurs que ce noël soit de Lemoigne ; dans Bonfons, il y a les trois lettres L. G. N. qui ne s'accordent pas tout à fait avec cette supposition.

(2) Une réédition en a été faite par M. Picot en 1878.

Samson Bedouin, Crestot, Nicolas Denisot (désigné sous l'anagramme de *comte d'Alsinois*), Jehan de Vilgontier, Nicolas Martin, Jehan Porée, maître Briand (du Mans), Laurent Roux, Michel Tornatoris (1), et d'autres moins connus.

Un noël, dont l'air est empreint d'une grâce charmante entre tous, c'est ce *Or, nous dites, Marie,* ou *Chantons je vous emprie:* la grosse question serait de savoir si l'air que nous connaissons existait au seizième siècle. On a vu dans la note précédente que *Chantons, je vous emprie* a pour timbre dans Lucas Lemoigne *Hellas! je lay perdue celle que j'aymois tant :* or ces deux airs n'ont pas le moindre rapport entre eux. *Hellas! je l'ay perdue* se trouve à la Bibliothèque nationale parmi les chansons du manuscrit français 12744 (fin du quinzième siècle), où nous l'avions copié, il y a bien des années ; cette date est justifiée par la tournure de l'air lui-même ; nous ne pouvons donner une origine aussi lointaine à l'air :

_____

(1) Les Noëls de Michel Tornatoris, organiste en Avignon à la fin du seizième siècle, n'ont pas encore eu les honneurs de l'impression. Voy. l'étude de M. Gust. Bayle, Avignon, 1884.

Une notation plus ancienne et surtout plus bizarre est la suivante, mais elle ne peut nous mener au quinzième siècle, ni même au seizième.

A l'époque où parut le premier volume des *Échos du temps passé* (1853) nous avions été séduit surtout par la naïveté et la grâce de ce noël qu'on chantait avec beaucoup de perfection dans les belles séances de *musique classique* du prince de la Moskowa. Le timbre *Or, nous dites, Marie*, ou *Chantons, je vous en prie* se trouvant déjà indiqué sur des noëls du commencement du seizième siècle, nous avions quelque raison de reporter l'air à la même époque, mais nous ignorions alors que cet air n'était pas, au seizième siècle, celui qu'on vient de voir.

Lorsque Lucas Lemoigne, ou tout autre poète quel qu'il fût, composa entre 1500 et 1520 les paroles *Chantons, je vous en prie* sur l'air *Hellas! je lay perdue*, ces paroles de noël eurent un tel succès, qu'il arriva ce qui est arrivé maintes fois : le timbre changea de nom et s'appela dès lors *Chantons, je vous en prie*, ou plus souvent d'après la troisième strophe *Or, nous dites, Marie*. Quand cet air *Hellas! je lay perdue* (sous le nom *Or, nous dites, Marie*) eut la chevelure grise, on aura greffé sur ces paroles qui se maintenaient dans la faveur populaire un nouvel air, celui qu'on chante aujourd'hui. Quel âge lui donner?

C'est sans doute au dix-septième siècle qu'il aura vu le jour, mais nous n'en avons pas vu de notation imprimée avant celle de *la Clef des chansonniers*, 1717, et si l'on pouvait croire sur parole Jean Christophe Ballard, l'éditeur, cet air aurait eu *cent ans et plus* en 1717. On trouvera sur ce même air une notice très substantielle dans les *Mélodies de la France*, par Anatole Loquin, 1879.

Ce que nous avons dit plus haut, à propos de l'opinion de Fétis sur les musiciens des noëls, vient se confirmer tout d'abord par les noëls de Jean Daniel dit *Maître Mithou* (1520-1530). Ce Jean Daniel était organiste à Angers, donc un musicien; eh bien! ses noëls ne sont pas sur des airs de sa composition, mais bien sur des timbres populaires, sans exception, comme : *Maistre Jehan du pont Allais, la Chanson de la grue, Hau Margot lièvre la cuysse, Une bergerotte, Baysez moy tant tant, le Trihory de la Basse-Bretagne* (air de danse noté dans l'*Orchésographie*), la *Belle tyrelire, Dieu te gard' bergère, D'où venez-vous ma dame Lucette*, etc. Les noëls de Jehan Chaperon, qui s'intitulait *le lassé de repos*, ont paru en 1538; ils sont tous composés sur des timbres populaires, comme *Vous perdez temps, Frère Thibault, les Bourguignons mirent le camp, Adieu m'amye, Adieu ma rose*, etc.

Les noëls *de Christophle de Bordeaux, Parisien*, publiés en 1581, par Nicolas Bonfons, débutent par le suivant, sur l'air de *La Cassandre* :

Le timbre *A la venue de noël* est déjà indiqué dès la même époque.

Les noëls nouveaux et cantiques de François Colletet (1), 1675, ont un avant-propos *aux âmes pieuses,* dans lequel l'auteur dit : « Je me suis advisé, pour vous faire passer dévotement les Avents qui approchent, de convertir ces chansons de dissolution et de débauche, que l'on oit tous les jours dans la ville de Paris, en cantiques de piété, afin que ceux qui ont offencé Dieu par le chant mélodieux de ces airs, souvent impudiques, se servent des mêmes airs pour le louer, et pour reconnoistre en mesme temps leur crime. »

Et maître Colletet tient parole. Ainsi, à la page 50, on trouve *un noël nouveau sur le chant divertissant:* Quand la mer Rouge apparut à la troupe noire.

---

(1) Le privilège étant de 1660, il y eut sans doute une édition antérieure à celle dont nous parlons.

Le refrain du 5ᵉ couplet, qui n'est pas le dernier, devait produire un grand effet... d'hilarité : il s'agit de l'encens des rois mages :

> Quoy qu'il n'en eust pas besoin,
> Jésus nostre maistre,
> Il en prit avecque soin,
> Pour faire connaître
> Qu'il avoit les qualitez
> Par ces dons représentez,
> D'un vray, vray, vray, vray,
> D'un roy, roy, roy, roy,
> D'un vray vray, d'un roy roy,
> D'un vray roy de gloire,
> En qui l'on doit croire.

Qu'on s'imagine ce refrain chanté par une personne qui grasseye !

Ces insanités se chantaient d'ailleurs avec conviction, à la plus grande satisfaction des curés ou des abbés, dont le goût musical n'était pas plus raffiné que celui du gros des fidèles, ce qui se voit parfois encore aujourd'hui. Le livre de Colletet est dédié à *Madame la Première Présidente.*

L'abbé Pellegrin, dont les noëls et cantiques parurent vers la fin du dix-septième siècle, mit ses vers (moins ridicules que ceux de Colletet) sur des airs d'opéra de Lully ; tous y ont à peu près passé. On rencontre quelques exceptions en faveur de Campra, Destouches, Lambert, de Bacilly, du Bousset et Gillier. Pellegrin paraphrasa aussi quelques anciens noëls, en gardant les timbres populaires ; Colletet ne s'était servi que de ces derniers.

Le succès des noëls de Pellegrin fut très grand ; il est constaté par de nombreuses éditions. On adopta ces cantiques et noëls à Saint-Cyr, vu le choix des airs ; cela s'adressait à un public aristocratique et à la bourgeoisie aisée, qui pouvait aller à l'Opéra, et qui s'y croyait encore en chantant les airs de Lully sur des paroles pieuses.

Binard, Parisien, composa des noëls sur les timbres connus du peuple, comme : *Une fille du village m'a pris en affection; Au jardin de mon père; Si c'est pour mon pucelage; J'ai été épouvanté du canon qui a pété; O ma Chloris, je me meurs; Jeanneton je t'aime mieux qu'une demoiselle; Magdelon tu n'as pas les appas*, et autres timbres saugrenus.

Cette ramification des noëls s'étendit fort loin ; chaque province voulait avoir les siens : Michel Porée et Jean le Houx, à la fin du seizième siècle, en firent pour les Normands ; La Monnoye composa ses noëls croustillants de la Bourgogne au commencement du dix-huitième ; Aimé Piron, son contemporain, a écrit ses noëls mâconnais dans un esprit moins goguenard, avec un peu de piété à la clé. Un troisième Bourguignon, Borjon de Scellery, est venu après eux. Il y eut les *noëls bisontins*, de Christin Prot et ceux de François Gauthier ; *les noëls du Velay*, par Cordat ; les *noëls provençaux*, par Saboly, Peyrol, Crousillat et d'autres ; les *noëls toulousains*, par Plomet ; l'*Élite des bons noëls nouveaux sur les airs les plus connus en Béarn*, comme : *Quant à Margot j'offre mon godebec, Joconde, Les sauts basques, Jean de Bigorro moun amic, Toujours maman me gronde*, etc. ; les *noëls nouveaux en français et en auvergnat ;* les *noëls angevins*, et nous n'avons pas nommé Brossard de Montaney, Henry d'Andichon, l'abbé Lhuillier, et quelques autres.

D'après le Manuel Brunet, le titre de *Bible de noëls* ne commence à paraître que vers 1682. C'est dans ces livrets à bon marché qu'on a condensé les noëls que le peuple affectionnait le plus ; ce ne sont pas toujours des pièces d'un grand lyrisme, non, mais plusieurs d'entre elles, naïves à l'excès, portent bien l'empreinte du langage et de la pensée populaires. Le premier noël de chaque recueil est à peu près invariablement *Conditor alme syderum*. Les imprimeurs Garnier et Oudot, à Troyes, étaient les grands propagateurs de ces *Bibles de noëls*, ils ont fourni à la librairie populaire (*la Bibliothèque bleue*) des milliers de milliers d'exemplaires pendant une longue suite d'années.

On a relevé plus d'une fois les naïvetés qui se trouvent imprimées en toutes lettres dans l'*Oratorio de Noël* de Lesueur, où les airs populaires du dix-septième et du dix-huitième siècle sont donnés comme des airs de l'église primitive d'Orient; parmi ces airs soi-disant primitifs il y a entre autres, page 67, une *lure* populaire qui est de ce siècle, qu'on danse encore en Alsace, où l'on ne danse plus guère!

Beaucoup de recueils de noëls, composés en province, n'ont jamais été imprimés; depuis quelque temps on leur fait cet honneur, ce qui n'ajoute pas le moindre rameau de gloire au Parnasse français. Ces élucubrations des curés, des chanoines, des organistes, des maîtres des enfants de chœur, se copiaient par les paroissiens; leur célébrité n'allait pas plus loin; nous possédons plusieurs de ces copies. Quant à écrire la bibliographie des noëls, cela exigerait bien du temps et bien des recherches (1); notre bibliothèque personnelle renferme une centaine de ces recueils, et nous ne sommes pas convaincu qu'un travail de ce genre aurait un immense intérêt.

L'un des volumes les plus curieux de cette série spéciale a pour titre : *Noëls poetdevins et gotiques*, manuscrit provenant de M. Viollet Le Duc (2) et ayant appartenu à Charles Gaspard Dodun, contrôleur général des finances, mort en 1734. C'est la collection à peu près complète des airs de la *Bible des noëls*, dont nous préparons la publication, afin de combler cette division de la chanson populaire appelée *noël*, et représentant la chanson moitié pieuse, moitié goguenarde, dont l'usage a presque complètement disparu de nos jours.

---

(1) Voir Ribault de Langardière, *La Bible de noëls*, 1857.
(2) Voir le catalogue de sa *Bibliothèque poétique*, supplément, où ce manuscrit est indiqué au bas de la page 53.

PSAUMES ET CANTIQUES.

M. Douen, pasteur protestant, a fait paraître en 1878 et 1879 un ouvrage important, en deux volumes : *Clément Marot et le Psautier huguenot.* (Imprimerie nationale.) L'auteur fait de Clément Marot un martyr de la cause protestante, tandis qu'on sait fort bien que ce poète était l'homme le moins mystique du monde ; sa vie passablement légère le prouve suffisamment.

Il nous paraît difficile d'admettre avec M. Douen que Marot ait voulu faire une œuvre de protestantisme, en traduisant les trente premiers psaumes, dédiés au roi François Ier, dont il était le valet de chambre (1541), car on sait que ce roi n'était pas précisément le protecteur du luthéranisme et du calvinisme naissants. Ces poésies de Marot, écrites à la requête de son ami Vatable, qui lui fournissait les traductions d'après l'hébreu, n'avaient d'ailleurs rien de dogmatique ; elles étaient rythmées sur des airs qui couraient alors ; on les reçut à la cour et à la ville comme des chansons nouvelles.

Ce n'est que quand la Sorbonne sévit contre les psaumes qu'on les attribua plus spécialement aux protestants. Les catholiques chantaient des cantiques et des psaumes en langue vulgaire bien avant la réforme, tous deux avaient été admis dès l'origine du christianisme et pratiqués dans les réunions des fidèles (1). Luther ayant à créer toute une liturgie nouvelle, pouvant coïncider avec ses principes religieux, était d'abord assez indécis ; il dit lui-même que la réforme est allée plus loin qu'il ne voulait ; Luther commença donc par traduire la messe en allemand, et, sauf des changements dans le *Credo,* cette messe n'est qu'une paraphrase de la messe latine (2).

---

(1) M. Nisard en mentionne au XIe siècle. (*Des chansons populaires,* vol. I, p. 11.)
(2) *Geistliche Geseng und Psalmen* (Chants religieux et Psaumes) ; Nuremberg, 1545, p. 45 et suiv.

Kyrie eleison de la messe de Luther :

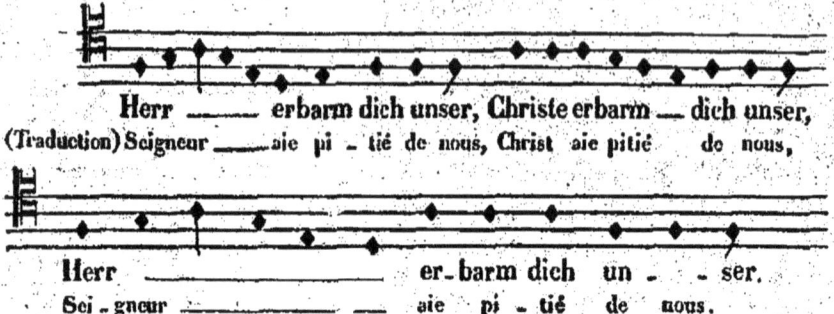

Luther écrit encore : « Je voudrais que nous eussions un grand nombre de cantiques en langue vulgaire, pour que le peuple les chantât après la messe, ou bien au *Graduel*, au *Sanctus* et à l'*Agnus Dei*. »

Le réformateur composa une vingtaine de cantiques, et s'associa des poètes et des musiciens, comme collaborateurs de son œuvre. Tout le monde connaît le cantique, dont Meyerbeer a tiré un si grand parti dans les *Huguenots* :

Ce cantique de Luther parut en 1524 sans mélodie propre; on en fit plusieurs sur ces paroles; celle que nous donnons et qui s'est maintenue, ne vit le jour qu'en 1532; elle était appliquée sur un cantique de Kohlros :

Si bien que cette paternité de Luther n'est pas d'une clarté éblouissante (1).

Le réformateur, tout en se servant de préférence d'anciennes hymnes et d'anciens chorals, ne dédaigne pas la chanson populaire, il l'admet volontiers pour les cantiques. Au reste, la réforme ne s'appuya pas seulement sur des psaumes et des cantiques, elle mit tout en œuvre. Nous voyons Théodore de Bèze donner en 1550 une pièce qu'il appelle *Tragédie d'Abraham sacrifiant*, calquée sur l'ancien mystère qui traite le même sujet. De nombreux cantiques y sont chantés par le chœur, divisé en deux troupes de bergers qui, au moment où Isaac veut aller aux champs, lui disent :

> Isaac, demeurez icy,
> Autrement Monsieur vostre père
> Ou bien Madame vostre mère
> En pourroyent estre mal contens.

Satan paraît en habit de moine. Comme on devait s'y attendre, la pièce eut un immense succès parmi les protestants et les calvinistes. M. James de Rothschild (2) observe que le sujet du *Sacrifice d'Abraham* ne fut plus traité pendant un certain temps par les auteurs catholiques, sans doute à cause de la pièce de Théodore de Bèze (3).

Luther emprunta le titre de *choral* au *cantus choralis;* il n'a point inventé le choral dans le sens allemand, comme le prétend Kiesewetter, mais il l'a certainement vulgarisé le plus

---

(1) Ph. Wackernagel, *Martin Luthers geistliche Lieder* (les cantiques de Martin Luther). Stuttgart, 1848, pages 55 et 149.

(2) *Le Mystère du vieil Testament*, vol. II, p. XII.

(3) Divers auteurs catholiques ont repris de nouveau le sujet du *Sacrifice d'Abraham* dans le courant du dix-septième siècle. En 1734, on donna au collège Louis-le-Grand, à Paris, un *Isaac* avec de la musique de R. de La Chapelle, auteur des *Vrais principes de la musique exposés par gradations de leçons*, 1736. F. Nogent a publié également un *Sacrifice d'Abraham*, 1787, musique par Mathieu de l'Epidor, inconnu.

qu'il a pu, dans l'Église réformée le chant incombant à la communauté, tandis qué dans l'Église catholique cette partie du culte est jointe aux fonctions du prêtre ; le peuple n'intervient qu'accidentellement ou musicalement.

L'habitude d'accompagner les chorals à l'orgue date de la Réformation, ainsi que le dit Kiesewetter (1). Non seulement Luther ne bannit point la musique du temple, mais il se servit largement de son concours, et se donna tout le mal possible pour l'étendre et la répandre. Il n'en fut pas de même dans tous les pays où pénétra la réforme. En Suisse, on bannit le chant, les orgues furent condamnées et même brûlées, comme à Berne et à Zurich (1527).

Ce n'est qu'en 1574 qu'on chanta les psaumes au temple de Berne; en 1588, on leur adjoignit des cornets et des trombones (2).

Il paraît que ce fut un musicien nommé Frank qui fournit quelques-unes des mélodies ou chorals pour les psaumes de Marot, que Bourgeois en fournit de son côté, et que ce même Bourgeois et Goudimel les harmonisèrent en même temps.

Fétis et ses copistes attribuent à Goudimel la composition d'une grande partie des airs sur lesquels nous possédons les psaumes de Marot, mais Goudimel nous renseigne lui-même là-dessus, car il dit dans son *mot aux lecteurs* : « Nous avons adjousté au chant des psaumes en ce petit volume, trois parties, non pas pour induire à les chanter en l'église, mais pour s'esjouir en Dieu particulièrement ès maisons. Ce qui ne doit estre trouvé mauvais, d'autant *que le chant duquel on use en l'église, demeure en son entier,* comme s'il estoit seul (3).

---

(1) *Geschichte der Europäisch Abendländischen oder unsrer heutigen Musik* (Histoire de la musique de l'Europe occidentale); 1834, page 89.

(2) Georges Becker, *la Musique en Suisse*, 1874, p. 65.

(3) *Les Psaumes mis en rime française* par Cl. Marot et Th. de Bèze, *mis en musique à quatre parties* par Claude Goudimel, 1565.

Il est possible que Marot ait rimé quelques-uns de ses psaumes sur des chansons populaires, quoique au premier aspect cela paraisse improbable ; les airs des psaumes français ressemblent plutôt à des chorals qu'à des chansons populaires ; ces dernières sont en général beaucoup plus courtes que les psaumes. Toutefois, en examinant de nouveau le recueil de Petrucci, déjà cité, on se prend à hésiter, et même à trouver une certaine ressemblance de forme. Il est incontestable que les valeurs des notes ont dû subir maint changement : on ne pourrait en tout cas faire que bien peu de rapprochements comme ceux-ci :

ou bien :

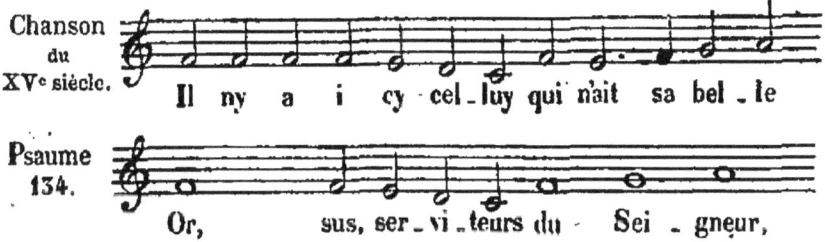

Nous avons déjà dit que les premiers psaumes de Marot s'imposèrent à la cour comme une vraie mode ; on raconte que François Ier chantait son psaume favori sur l'air : *Que ne vous requinquez-vous, vieille?* — Henri II préférait : *Ainsi qu'on oyt le cerf braire.* — Diane de Poitiers soupirait son psaume sur : *Du fond de ma pensée*, et le roi de Navarre avait choisi l'air : *Revenge-moi.*

Tout cela est trop bien arrangé pour n'être pas une fantaisie d'écrivain.

Avant et après Goudimel, les Psaumes de Marot ont été maintes fois mis en musique à quatre voix, au moins une partie d'entre eux; les principaux de ces musiciens furent : Manchicourt, 1545; Pierre Certon, 1546; Clément Jannequin, 1559; Philibert Jambe de fer, 1559; Claudin le Jeune, 1564 (1); Orlando de Lassus, 1577; etc.

En tête d'une réédition des psaumes à quatre parties de Claude le Jeune, *phénix des musiciens* (1636), Justus Livius de Leyde écrit ceci : « ayant eu à imprimer les psaumes à quatre et cinq parties en un volume, j'ay plustost choisy la musique de Claude Le Jeune que celle de Claude Goudimel, à cause que le contre-point de Cl. le Jeune est simple, et fait note contre note, de sorte que les plus ignorants en musique, ayant seulement la voix bonne, et sçachant l'air du psaume, peut estre de la partie, chose qui ne se peut pratiquer avec la musique de Goudimel, car un bon nombre de ses psaumes étant composé avec des fuges (fugues) se ne peut être chanté que de ceux qui observent justement la mesure. »

On voit que ceux qui savaient chanter en mesure étaient des oiseaux rares.

Nous allons faire suivre le même psaume et de Goudimel et de le Jeune, l'un est aussi peu fugué que l'autre; même à la place de l'imprimeur, qui veut s'en faire accroire, nous aurions préféré l'harmonisation plus simple et plus naturelle de Goudimel. On voit que la même mélodie a servi aux deux compositeurs, il en est de même du reste de leurs recueils; dans ce psaume le chant est au *Tenor* dans l'harmonisation de Goudimel, et au *Dessus* ou *Superius* dans celle de Cl. le Jeune.

---

(1) Les psaumes de Claude Lejeune eurent de nombreuses éditions, tant en France qu'en Hollande; Fétis en cite un certain nombre, mais non la suivante que possède le Conservatoire de Paris : *De C L. Psalmen Davids in musyk gebracht op vier en vijf stemmen door Claudyn Le Jeune, nu eerst met den Hollandsen Text nevens alle de Lofsangen uytgegeven, Tot Schiedam gedrukt by Laurens vander Wiel*, 1665. Cinq volumes petit in-8° carré.

CLAUDE GOUDIMEL.

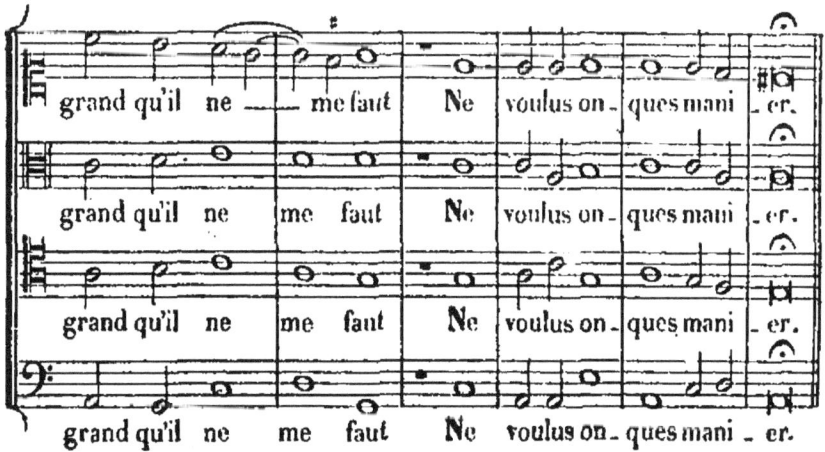

Les Psaumes de Marot, complétés par Th. de Bèze, eurent un nombre prodigieux d'éditions; rien qu'en France, on en compte environ quinze cents. De nos jours on ne chante plus rien de Marot dans les temples ; cette langue serait d'ailleurs incomprise : elle n'avait pas des politesses comme le français de Voltaire et de Racine. Qui de nos jours chanterait ces vers :

>   Mes cicatrices puantes
>   Sont fluantes
>   Du sang de corruption.
>   Las! par ma fole sotie
>   M'est sortie
>   Toute ceste infection.

Tandis que le parti protestant chantait des psaumes et des psaumes, qu'il s'en produisait des quantités en Allemagne, on n'avait en France que la version de Marot et Th. de Bèze, qu'on r'habillait à neuf à mesure que la vieille langue s'oubliait, ou plutôt s'en allait.

Philippe Desportes, à la fin du seizième siècle, avait publié quelques psaumes de David nouvellement traduits en vers; Denis Caignet les mit en musique à quatre voix.

En 1648 Godeau, évêque de Vence, publia une nouvelle traduction des psaumes. Cette version a été mise en musique à quatre voix par Jacques de Gouy (1650), par Lardenois (1655), par Artus Aucousteaux (1656), par Thomas Gobert (1659). Le célèbre latiniste écossais Buchanan fit une version latine des psaumes en 1566; il en existe des éditions avec de la musique à quatre parties, entre autres celle d'Herborn 1592 ; on ne désigne pas le musicien.

Il ne semble pas que les psaumes de Godeau, quoique mis en musique par tant de compositeurs, aient eu un immense succès chez les catholiques ; on y allait timidement, craignant de se confondre avec les protestants. Par contre le cantique prit un nouvel élan parmi les catholiques, et on ne publiait guère d'édition de noëls, sans y joindre un certain nombre de cantiques anciens et nouveaux.

Michel Coyssard, de la compagnie de Jésus, mit au jour en 1600 des *Hymnes sacrez et odes spirituelles* avec de la musique à quatre voix ; ce petit livre était une riposte contre les psaumes luthériens ; dans sa dédicace Coyssard dit, en parlant du luthéranisme : « Son chant n'est qu'un chant funeste, un chant de corbeaux et de chats-huants, et la musique le son des armes et le bruit des artilleries. »

Les religieux qui poétisaient ou qui écrivaient des cantiques, ont toujours eu le don des titres bizarres, même souvent prétentieux. Dès le seizième siècle parut *La pieuse alouette avec son Tirelire : le petit cors et plumes de notre alouette sont chansons spirituelles qui toutes luy font prendre le vol*, etc. ; 1576. L'auteur prévient dans son advertissement qu'il a toujours mis le premier vers de la chanson mondaine, *hormis toutefois celles qui portent leur venin au front et en leurs premiers vers*. Celles-là devaient être bien fortes, car parmi ces commencements de vers qui n'ont pas trop de venin nous trouvons : *Beau berger que j'adore; Faites l'amour aux chambrières; J'aimerai toujours le bon vin; L'amour des courtisanes; Margoton mon petit cœur; Or j'ay choisi pour maîtresse; Où estes-vous bons biberons; Réveillez-vous belle catin; Voguons sur l'amoureuse mer;* etc.

Les cantiques du sieur de Valagre et du sieur de Maizonfleur sont plutôt des poésies spirituelles que des cantiques, ces pièces n'ont pas été écrites sur des airs ou sur des timbres.

Les rossignols spirituels liguez en duo, dont les meilleurs accords, nommément le bas (la basse) *relèvent du seigneur Pierre Philippes, organiste de leurs altezzes sérénissimes. Regaillardis au prime-vere de l'an* 1621, *à Valenciennes*.

Comme le titre l'indique, ce sont des cantiques à deux voix.

La philomèle séraphique, sur les airs les plus nouveaux,

choisis des principaux auteurs de ce temps, avec le dessus et le bas; Tournay, 1632.

Dans l'avertissement on lit : « Ces airs sont tirez des œuvres de Guedron, Signac, Moulinié, Boyer, Boesset, Richart, Vavasseur et de Metru. » Ce renseignement serait intéressant, mais il n'y a malheureusement pas un seul nom sur les airs même.

Rimes chrétiennes sur la créance catholique, avec une game nouvelle où sont compris les huit tons de l'Église, 1657.

Recueil de plusieurs cantiques spirituels par J. le Jau, chanoine d'Évreux, et par Daniel Adenet, Parisien, 1627 (sur des airs profanes).

Livre d'airs de dévotion à deux parties ou conversion de quelques-uns des plus beaux de ce temps en airs spirituels par François Berthod, cordelier, 1658.

Les *Kyriolés* sont aussi des espèces de cantiques, ou plutôt des litanies; le peuple ne répondait aux strophes du prêtre que par le mot *Kyrie*. On peut en voir des exemples dans les *Kyriolés* publiés à Remiremont par Em. Laurent, en 1773. C'est évidemment de là qu'est venu le mot kyrielle.

En résumant ce chapitre, on trouve que les noëls se sont chantés sur des airs populaires ou sur des vaudevilles, les psaumes sur quelques anciens airs dérangés ou quelques chorals nouvellement composés à l'imitation des anciens ; les cantiques se chantaient et même se chantent souvent encore sur des airs profanes peu édifiants.

Il nous est impossible d'attribuer à ce bagage musical une bien grande influence sur la musique d'église. Les psaumes et les cantiques, comme les noëls, ont répandu le chant davantage, mais ne nous ont perfectionné en rien l'art musical.

D'après Talvi (1) au temps de la réforme il n'y avait qu'un

---

(1) Talvi, *Versuche einer geschichtlichen Charakteristik*, etc. (Essai d'une histoire caractéristique de la chanson populaire chez les nations germaines.)

objectif : les disputes religieuses. C'était un mauvais moment pour la production de la chanson populaire, restée stationnaire en quelque sorte. M. Schuré (1) s'exprime à peu près de même : « A la fin du seizième siècle et au dix-septième on tombe dans la poésie scholastique. Plus de chansons sous le grand ciel, au fond des bois et au souffle des montagnes, mais des vers de lettrés, rimés sur des in-folios. Les classes inférieures du peuple allemand avaient atteint un degré de culture très remarquable (2) au commencement du seizième siècle. Témoin le savant et joyeux poète Hans Sachs. Quel type aimable et vigoureux que ce pauvre maître cordonnier de Nuremberg, qui fit des vers toute sa vie sans cesser de faire des souliers, qui fut l'ami d'Albert Dürer et le chantre enthousiaste de Luther! »

Herder observe que dans les chansons imprimées en feuilles volantes au seizième siècle, on trouve souvent une chanson religieuse suivie d'une profane, faite sur le même air; cela doit surprendre d'autant moins, que la seconde pièce était une parodie de la première, cette forme, très à la mode alors, se retrouve encore longtemps après.

Comme conclusion nous ajouterons que la grande musique d'église, encore à l'état d'enfance sous Lully, Campra, de La Lande, ne prit son véritable élan qu'à la venue des Bach, des Haendel, des Haydn, des Pergolési, des Mozart, des Beethoven, des Chérubini, des Lesueur.

---

(1) Schuré, *Histoire du Lied ou la chanson populaire en Allemagne*, Paris, 1876.
(2) Nous croyons que, sous ce rapport, M. Schuré prend l'exception pour la règle, car en citant Hans Sachs il cite l'exception.

CHAPITRE VI.

LA CHANSON AU THÉATRE.

Mystères. — Farces. — Vaudevilles.

Notre théâtre n'a pas été une imitation de l'ancien théâtre gréco-romain, dont les traditions étaient perdues au moyen-âge : ce fut une inspiration, une création des prêtres du christianisme, cherchant à opposer une digue aux saturnales, aux excès, restes des fêtes païennes, que les conciles n'avaient pu extirper.

Les *confrères de la Passion,* jouant des *mystères,* parurent vers la fin du quatorzième siècle, le roi Charles VI autorisa leurs représentations.

Le peuple se passionna vivement pour cet embryon de théâtre, n'en ayant pas connu d'autre. Le succès fut complet quand les farces s'en mêlèrent : c'était au reste l'entière déchéance des anciens personnages païens et populaires : le *fou,* la *mère sotte* n'étaient plus que de simples rôles, la reine était devenue une servante de bas étage, une vieille radoteuse enguenillée.

Les confréries joyeuses des *Clercs de la Basoche* et des *Enfants sans souci* naquirent à la suite des farces jouées sur des tréteaux par des bateleurs, et vinrent faire une rude concurrence aux mystères, en produisant leurs *soties* et leurs *farces.* Les deux troupes se réunirent parfois, et dans ce cas leur répertoire mélangé reçut le nom de *pois pilés.*

La troupe italienne des *gelosi* parut en 1577 ; c'est alors qu'on vit les femmes paraître sur la scène dans des rôles réguliers.

Les *mystères* avaient fini leur temps vers 1548, mais les

farces continuèrent jusqu'à Louis XIV. Le spectacle ordinaire de l'hôtel de Bourgogne se composait au commencement du dix-septième siècle d'une tragédie, d'une farce et enfin d'une ou de plusieurs chansons que venait débiter Gaultier Garguille.

Ce farceur était l'auteur d'une partie de ses chansons, tout en empruntant largement au répertoire populaire. Or, ce n'était pas précisément une école de morale que ces chansons, publiées à diverses reprises; malgré cela des dames, et des dames de la cour allaient les entendre.

Gaultier Garguille (1) chantait sans accompagnement instrumental; cela se comprend de reste, car le farceur ne savait très probablement pas la musique. Voici de son répertoire un coq-à-l'âne, de source populaire, connu bien avant Gaultier Garguille :

> Je m'en allay à Bagnolet
> Où je trouvay un grand mulet
> Qui plantait des carottes :
> Ma Madelon, je t'aime tant
> Que quasi je radotte.
>
> Je m'en allay un peu plus loing,
> Trouvay une botte de foing
> Qui dansoit la gavotte :
> Ma Madelon, je t'aime tant
> Que quasi je radotte.
>
> Je m'en allay en nostre jardin,
> Trouvay un chat incarnadin
> Qui décrottoit ses bottes :
> Ma Madelon je t'aime tant
> Que quasi je radotte.
>
> Je m'en reviens en nostre maison
> Où je rencontray un oyson
> Qui portoit la callotte :
> Ma Madelon, je t'aime tant
> Que quasi je radotte.

---

(1) Le vrai nom de *Gaultier Garguille* était Hugues Guéru, il était né à Caen. Dans certains rôles il portait aussi le nom de *Fléchelle*.

Comme les chansons de Gaultier Garguille sont passablement graveleuses et même ordurières, force nous est de choisir parmi *celles qui peuvent se souffrir*, comme dit Ballard dans l'Introduction de ses *Brunettes ou airs tendres :*

> Au logis de Cupidon
> J'estois le premier garçon,
> Quand il mit du feu grégeois
> Dedans ma soupe et mes pois.
>
> Je brusle comme un tison
> Pour l'amour de Marion ;
> Quand j'ay mangé mes navets
> Je luy compose des sonnets.
>
> Elle a gravé ses amours
> Sur ma toque de velours,
> Et moy sur son corset gris
> J'ai peinturé tous mes ennuis.
>
> Elle compte tous les mois
> Mes perfections par ses doigts,
> Et moy avec des jetons
> Je luy calcule ses dindons.

Nous observerons qu'aucune des chansons de Gaultier Garguille ne porte de timbre, ou indication d'air.

L'application du mot *vaudeville* à une pièce de théâtre où l'on chante, est relativement moderne, mais le mot est ancien. On lit dans l'*Orchésographie* de Thoinot Arbeau, 1588, à la page 18 : « Dionisius apprint ses soldats environnez des femmes de son camp à dancer et faire marches guerrières au son du tambour et de la tibie phrigienne (espèce de flûte), et par ce moyen subjuga les Indois, car les Indois marchoient en foule et confusion avec cryz et hurlements, et partant furent perturbez et facilement mis en *vaude-routte* et vaincuz. »

Vaude-routte est là pour déroute, hors la route, comme c'est le cas des gens qui fuient. Vaude-ville signifiait donc alors hors la ville, autrement dit les voix ou les chants de la campagne : c'est-à-dire la *chanson populaire*. C'est en effet cette même année 1588 que paraissent les *voix de ville* de Chardavoine, et ce mot existait depuis longtemps, ne citerions-nous que *le premier livre de chansons en forme de vau de ville, composé à quatre parties par Adrian Le Roy*, 1573.

Encore une fois va-de-ville, vau de ville, voix de ville signifiait un chant villageois, ou plutôt un chant populaire, et c'est bien cela qu'on chantait d'abord dans les anciennes farces : Gaultier Garguille ne fit que continuer la tradition.

Malgré l'opinion de Boileau, le mot vaudeville n'a jamais pu dériver de vaudevire. Le nom d'Olivier Basselin était connu de quelques contemporains, comme Eustache Deschamps par exemple, mais, à part quelques amis, bons biberons de Vire, la ville natale de Basselin, qui s'intitulaient *compagnons du vaudevire*, ces poésies renfermant l'éloge du cidre et du vin, n'ont jamais pénétré dans le peuple, y compris le peuple virois, comme nous l'avons déjà remarqué aux chansons à boire.

De quelle façon alors ce nom vaudevire serait-il venu à Paris s'appliquer à un genre de pièce éminemment nationale et caractéristique, le vaudeville, avec lequel il n'avait aucun point de contact, l'ancien théâtre ne renfermant pas ou fort peu de chansons à boire?

Au seizième siècle on avait les deux mots : *vaudevire* signifiant chansons à boire et *vaudeville* désignant une chanson des rues sur un sujet quelconque, principalement satirique, ce qui est tout autre chose.

La chanson a toujours eu une part très large dans toutes les réjouissances de nos aïeux ; tous les événements, tristes ou gais, se traduisaient en chansons, soit à table, soit au théâtre, soit dans les rues. Même en 1640 on joua une *Comédie des chansons*, généralement attribuée à Chillac. Cette pièce, entièrement fabriquée avec des chansons cousues au bout les unes des autres, n'est pas tout à fait insensée, on y trouve une certaine suite, en y mettant de la bonne volonté.

Sylvie chante au premier acte :

> Si je ne suis damoiselle,
> Si je n'ay tant de beauté
> Que les dames de cité,
> Pour le moins suis-je pucelle.

Et Jodelet fredonne à son tour :

> Si c'est un crime que d'aymer,

qu'on trouve parmi les chansons mises en musique par Boesset.

Cette pièce paraît avoir eu du succès, car on en trouve une autre en 1662 : *Nouvelle comédie des chansons de ce temps, pastorale.*

L'idée première de ces pièces bizarres est sans doute empruntée à une pièce antérieure : *La Comédie de proverbes,* par Adrien de Montluc, comte de Cramail, 1616. Dans cet accouplement continu de proverbes, et il y en a d'amusants, la chanson s'est glissée aussi, mais rien qu'au troisième acte, où Alaigre dit : « Ils s'amusent à chanter? Ils n'y entendent rien, car les femmes n'ayment pas tant les voix que les instruments :

LA MUSIQUE

> Beauté plus divine qu'humaine,
> Recevez ce grand capitaine
> Après tant de hasards,
> Soyez sa Vénus, je vous prie,
> Il sera votre Mars.

La chanson populaire ne paraît point dans les essais lyriques et dramatiques faits en 1600 par les Italiens Peri, Caccini, Corsi, Galileo, Monteverde, etc. A part leurs récitatifs, ces compositeurs n'utilisent que la forme du madrigal à plusieurs voix, genre de composition qui existait alors déjà depuis fort longtemps. Il y avait un siècle que Clément Jannequin avait composé son chœur de la *Bataille de Marignan,* bien plus coloré et plus mouvementé que la musique des Peri et des Caccini.

Malgré cela, les Français continuent à faire chorus avec les écrivains étrangers qui chantent la gloire des Italiens pour la création de l'opéra, tandis que nous, Français, nous avions en 1581 le *Ballet de la Reine,* un opéra bien autrement complet que l'informe machine de Peri : *Euridice,* en 1600, on n'a qu'à comparer. Que Fétis célèbre de préférence la gloire de Peri, cela se comprend, Fétis était belge, et d'après les écrivains belges c'est chez eux qu'on a inventé la musique et les musiciens, tout au plus un peu chez les Italiens, mais que des Français suivent encore cette vieille routine, cela est beaucoup plus étonnant !

Les ballets qui nous restent, du temps de François Ier et de Louis XIII, se composent de grosses notes blanches et rondes ; leur mouvement était trop lent pour avoir quelque ressemblance avec la chanson populaire, sauf de très rares exceptions, comme *Dupont mon ami,* qu'on trouve noté en 1607 par Philidor.

L'emploi le plus ancien que nous connaissions d'un air populaire dans un opéra est l'*Air de la clochette*, déjà cité, dans le *Ballet de la Reine,* sous Henry III (1).

Lully s'est servi d'airs populaires dans divers endroits de ses ballets, c'est du moins notre conviction.

En ce qui touche les spectacles de la Foire St-Germain et St-Laurent, on trouve des traces de ces foires, où des bateleurs pratiquaient leur métier, dès la fin du seizième siècle et même antérieurement, mais ce n'est qu'en 1678 que nous avons des nouvelles d'un spectacle à la foire Saint-Germain (2).

---

(1) Aux *Chansons historiques.*
(2) Campardon, *les Spectacles de la foire,* préface, XV.

A l'expulsion des Italiens (1697) on s'empara d'une grande partie de leur répertoire, et on francisa les types italiens, *Arlequin, Scaramouche, Polichinelle, Pierrot, Mezzetin, Colombine, Isabelle,* etc. Le succès fut très grand et inquiéta même la Comédie française et l'Opéra.

On défendit aux acteurs de la foire de chanter, et c'est alors qu'ils usèrent de ce moyen ingénieux : quand il y avait des couplets, un écriteau descendait du cintre, indiquant la chanson et l'air, que raclaient d'ailleurs les violons, et le public chantait en place de l'acteur (1). On comprend que ces couplets étaient pour la plupart des vaudevilles (voix de ville) connus de tout le monde. Les airs qui reparaissent le plus souvent parmi ces couplets à écriteaux sont : *Quand le péril est agréable, O reguingé, O lon lan la, Menuet de Grandval, Airs du cap de Bonne-Espérance, Lanturlu, Mon père je viens devant vous, la Faridondaine, les Folies d'Espagne, la Bonne aventure, Tu croyais en aimant Colette, Quand je tiens ce jus d'octobre, Réveillez-vous belle endormie, les Trembleurs, Monsieur de Lapalisse, Comme un coucou que l'amour presse, Lampons, la Tamponne, Joconde, Dupont mon ami, Menuet d'Hésione, Branle de Metz, Grimaudin,* etc. (2).

« Les forains voyant que le public goûtait ce spectacle en chansons, s'imaginèrent avec raison que si les acteurs chantaient eux-mêmes les vaudevilles, ils plairaient encore davantage. Ils traitèrent avec l'Opéra (1708) qui, en vertu de ses patentes, leur accorda la permission de chanter (pour une somme assez ronde). On composa aussitôt des pièces purement en vaudevilles, et le spectacle alors prit le nom d'*opéra comique* (3).

La Comédie française obtint la suppression du théâtre de la

---

(1) Le *Théâtre de la Foire*, vol. I, p. 19.
(2) Beaucoup de ces airs avaient déjà paru sous la Fronde. Un des grands fournisseurs du théâtre de la Foire était Gillier, violon de la Comédie française.
(3) Préface du *Théâtre de la Foire*, par Lesage et d'Orneval.

Foire en 1719, il reparut de nouveau en 1724, toujours avec le nom d'*Opéra-Comique,* et malgré quelques interruptions momentanées, car les autres théâtres le jalousaient, il s'établit définitivement en 1762, en appelant à lui quelques-uns des meilleurs sujets de la *Comédie italienne.*

Ce n'étaient pas toujours des étoiles qui chantaient les nombreux couplets du théâtre de la Foire, même quand il s'appela Opéra-Comique; les éditeurs de ce répertoire, d'Orneval et Lesage, font cet aveu dans leur préface : « nous nous sommes aperçus que les scènes chargées de couplets, quelque riche que fût leur fond, devenaient ennuyeuses à cause du chant, qui fait ordinairement longueur. »

C'est qu'on ne possédait pas encore Mme Favart!

La *Comédie italienne* ne se servait que de musique française, c'étaient des *ariettes* et des *parodies,* c'est-à-dire des paroles appliquées à des menuets d'opéras ou d'autres airs de danse, dont voici quelques *spécimens :*

La Fille persuadée, menuet de Martini.

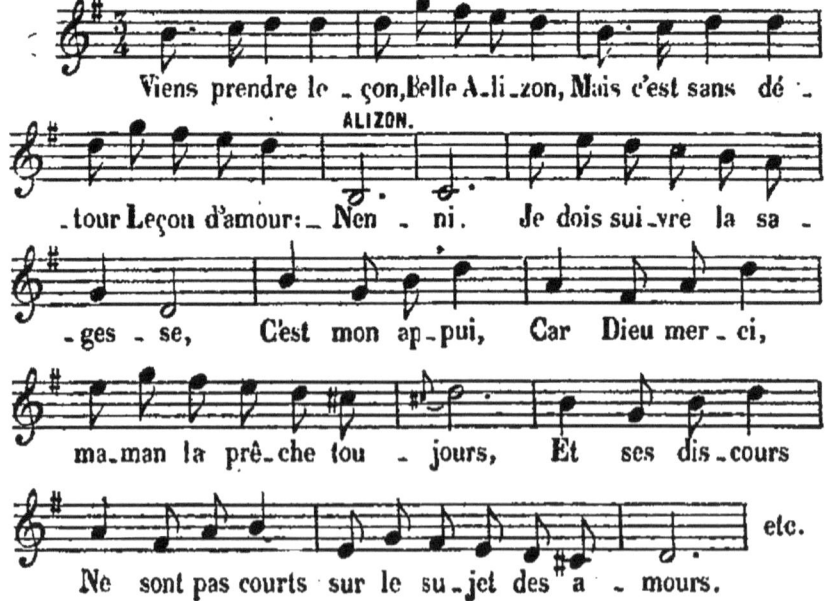

Favart composait souvent lui-même les airs de ses pièces, plusieurs ont passé dans la *Clé du caveau*, comme la *Savoyarde* qui eut un très grand succès, et qui se trouve dans *les Savoyards* :

Dans la *Folie de Coraline*, dont nous n'avons pu découvrir les auteurs, il y a un air qui pourrait bien être l'origine de *Ah! vous dirai-je, maman* :

C'est en 1801 que le *théâtre Feydeau*, après s'être appelé *théâtre Favart*, prit définitivement le titre de *théâtre de l'Opéra-Comique*, nom qu'il avait déjà porté anciennement comme on a vu.

La forme ou le genre de l'Opéra-Comique existait réellement à partir des *Troqueurs* de Vadé, musique de Dauvergne, pièce donnée en 1753 au théâtre de la Foire Saint-Laurent.

Chercher la paternité d'un air ou d'un timbre populaire est

une chose des moins aisées, un exemple suffira pour le prouver : dans la *Clé du caveau* on indique comme air du *Roi d'Yvetot* de Béranger le timbre : *Quand un tendron vient dans ces lieux*, c'est bien l'air connu ; mais là on nous dit : voyez *Bastien et Bastienne* : ceci est le titre d'une parodie du *Devin du village* par Mme Favart et Harny 1753. A la 2me scène on trouve en effet l'air en question, il est indiqué par le timbre *Faut pas être grand sorcier pour ça...* mais d'où est tiré *Faut pas être grand sorcier ?* Nous n'avons pas été assez sorcier pour le découvrir.

Les théâtres de la Foire étaient la véritable foire aux vaudevilles et la mine où la *Clé du caveau* a puisé ses airs en grande partie. Ces pièces moitié écrites, moitié improvisées, à part les nombreux couplets qui les diapraient, avaient à peu près toujours un air final appelé *vaudeville*, pièce généralement satirique, ou formant un résumé de la pièce jouée, espèce d'à-propos pour réveiller les applaudissements.

De cette façon il y avait un *vaudeville* à la fin des vaudevilles et des parodies : il est facile de reconnaître là un souvenir des farces anciennes qui finissaient aussi par une ou plusieurs chansons, comme on l'a vu.

Si l'Opéra et la Comédie française avaient l'œil ouvert sur les théâtres de la Foire, il paraît qu'il n'en était pas de même de la police littéraire ou de la censure, car on trouve des choses assez... avancées, comme par exemple la parodie de la tragédie d'*Inès* de La Motte en 1723. A cette époque une nouvelle coiffure appelée *Mirliton*, donna lieu à une chanson du Pont-Neuf, et les parodistes d'Inès se servirent de cet air pour la Comédie italienne :

AIR DES MIRLITONS

— en ce jour, En é...pou...sant la prin...ces...se,
Lui donner tout son a...mour, Et son mir...li...ton, mir...li...
...ton, mir...li...tai...ne, Et son mir...li...ton, don don.

Don Pèdre, le fils du roi, aime Inès, que ses parents ne veulent pas lui accorder. Après une suite de pourparlers et comme scène finale, le roi chante :

> Non, non, rien de ma colère
> Ne peut retarder l'effet :

(Arrive une grosse nourrice avec une bande de petits enfants.)

INÈS.

> Joignez ces enfants au père,
> En leur faisant couper net
> Tous leurs mirlitons, etc.

LE ROI.

> Juste ciel, quelle couvée !
> D'où sortent ces mirmidons ?
> Où se cachait la nichée
> De ces nombreux rejetons
> De vos mirlitons, etc.

En examinant avec attention les dix volumes du *Théâtre de la Foire*, 1723 à 1724, qui renferme plus de quinze cents airs, on voit qu'à part les chansons qui couraient les rues, et qui représentent les trois quarts de cet ouvrage, les autres airs sont de Lully (1), Campra, Destouches, Gillier, Mlle Laguerre, Colin

---

(1) Sedaine, dans son pot-pourri de la *Tentation de saint Antoine*, a ajusté son dernier couplet *Le démon, quoiqu'il passe pour fin*, sur le 2e *air pour les muses*, dans le Prologue d'*Isis*, musique de Lully.

de Blamont, Montéclair, Grandval, Aubert, Rameau qui est l'un des derniers compositeurs dont les œuvres aient servi à ce recueil.

Comme la propriété artistique et littéraire au théâtre n'a été réellement établie que depuis Scribe, les chansonniers se servaient jusque-là des airs d'opéra comique qui avaient du succès, et ne se gênaient nullement de publier ces airs avec d'autres paroles : on ne faisait que cela à la Comédie italienne dans toutes les parodies. L'opéra comique de la Foire suivait à peu de chose près les mêmes traditions; on y trouve à profusion des pièces sur Arlequin, comme : *Arlequin au sabbat, Arlequin Atys, Arlequin musicien, Arlequin peintre, Arlequin grand visir, Arlequin Endymion, Arlequin Orphée,* et tant et tant.

Favart donne sa *Chercheuse d'esprit* en 1741, et après les *Troqueurs* de Dauvergne, 1753, nous voyons apparaître La Ruette, Monsigny, Philidor, etc., c'est-à-dire que la transformation se fait et qu'on abandonne les timbres de vaudevilles, pour se servir de musique nouvelle, composée exprès par des auteurs vivants. Dalayrac, qui a fourni plus d'un air à la *Clé du caveau,* fait voir sa sympathie pour l'air populaire en se servant dans son opéra comique *Renaud d'Ast* (1787) de l'air *Il pleut, bergère,* mais avec d'autres paroles que celles de Fabre d'Eglantine (5ᵉ scène du 1ᵉʳ acte); à la 7ᵉ scène du 2ᵒ acte, une ritournelle joue l'air *Va-t'en voir s'ils viennent Jean;* ce même 2ᵒ acte commence par l'air *Vous qui d'amoureuse aventure,* sur lequel on a appliqué : *Veillons au salut de l'empire* (1); *Renaud d'Ast* contient encore l'air de *Malbrough.*

Dans un autre opéra comique de Dalayrac, *la Soirée orageuse,* représenté en 1790, l'auteur a mis de nouveau une chanson populaire, *la Gasconne,* très répandue alors et commençant par

---

(1) Voir le chapitre des *Chansons patriotiques.*

Auprès de Barcelonne etc.
Un jour me promenant etc.

Cette même chanson est employée par Devienne dans les *Visitandines*, données en 1792; mais Picard, l'auteur du poème, y a adapté d'autres paroles. Dans le livret du temps, an VIII, Picard met cette note : « Martin, par sa manière délicieuse de chanter a donné un air de nouveauté à cette vieille chanson. » Picard donne même une double version pour *les Troupes de province*. Cette *Gasconne* n'a pas été insérée dans la partition à orchestre des *Visitandines;* c'est évidemment Martin qui avait introduit ce hors-d'œuvre qui le faisait applaudir. L'éditeur Schlesinger, en publiant la partition au piano des *Visitandines*, a eu soin d'y mettre la *Gasconne*.

A partir du commencement de notre siècle, la chanson populaire est peu employée dans les opéras comiques, et n'y paraît que comme un objet de curiosité.

En 1820, dans *les Voitures versées*, Boieldieu construit un duo ravissant sur l'air du *Clair de la lune*. En 1825, le même compositeur se sert dans la *Dame blanche* d'un gracieux chant écossais, dont il tira un parti charmant.

Adolphe Adam plaça au commencement de son acte le *Toréador* (1849) divers thèmes populaires dans une conversation entre un flageolet et Coraline, puis encore le joli quatuor *Ah! vous dirai-je maman*.

En 1856, Auber inscrit dans sa partition de *Manon Lescaut* la chanson de *la Bourbonnaise*, qu'on bissait régulièrement à Mme Cabel.

Félicien David dans le *Saphir* (1865) s'est servi de plusieurs thèmes populaires; il y a d'abord le *Cantique de Jeanne d'Albret* (1), puis la danse basque :

---

(1) Ce cantique a été publié dans les *Chants et chansons populaires des provinces de la France*, Champfleury et Weckerlin.

DANSE BASQUE.

En dehors du théâtre, ce même compositeur a employé en 1845 un air arabe (1) dans l'ode-symphonie le *Désert* :

AIR ARABE.

Puis également un thème indien pour une berceuse dans *Christophe Colomb* :

AIR INDIEN.

La Habanera de *Carmen* est un thème populaire havanais, publié par Yradier et sous son nom, longtemps avant l'opéra comique de Bizet :

---

(1) Cet air a été publié en 1836 par W. Lane et en 1842 par Kiesewetter; F. David a fait des changements dans la notation.

HABANERA.

Dans *l'Arlésienne*, Bizet a employé également une marche publiée en 1855 ou 1856 par Castil Blaze sous le titre de *Marche de Turenne*, quoiqu'elle n'ait jamais servi du temps de Turenne :

M. Ambroise Thomas, dans l'opéra d'*Hamlet*, a reproduit un gracieux thème suédois, harmonisé d'une façon remarquable.

Dans la *Surprise de l'amour*, M. Poise a donné une chanson italienne :

Puis encore une chanson populaire française :

Nous revenons encore sur la nécessité de distinguer l'air créé par le peuple, et resté dans ce milieu spécial, s'y perpétuant en quelque sorte de génération en génération, d'avec l'air d'un opéra ou d'une opérette, que le succès particulier au théâtre a fait passer à l'état populaire.

Ces sortes de popularités, quelque grandes et quelque méritées qu'elles soient, restent presque toujours dans les villes où se trouvent des théâtres, et ne pénètrent guère chez le peuple de la campagne, qui leur préfère ses vieilles chansons.

Dans nos pérégrinations à travers les provinces de la France, pour recueillir les chants populaires, nous n'avons jamais rencontré chez le peuple de la campagne ni des airs de Lully, ni de Rameau, ni de Gluck; on n'y connaît pas *Où peut-on être mieux qu'au sein de sa famille* de Grétry, ni *A peine au sortir de l'enfance* (*Joseph* de Méhul), ni les airs de *Robert le diable,* ni ceux des opéras d'Auber, d'Adam, ni ceux de *Faust* ou de *Mignon,* dont la popularité dans les villes est universelle, non seulement en France, mais à l'étranger : les orphéons n'ont pu changer cet état de choses.

Il n'en est pas ainsi en Allemagne, où le peuple a parfaitement adopté un certain nombre d'airs de Haydn et de Mozart, qu'on entend chanter dans les campagnes les plus éloignées des villes.

En France il faut encore remarquer que les airs du théâtre moderne, devenus populaires, survivent rarement à la pièce d'où ils sont tirés. Un certain nombre d'entre eux, composés il y a quelques quarante ou cinquante ans, ont passé dans la *Clé du caveau moderne,* les vaudevillistes s'en sont servi et ont puissamment contribué à les populariser davantage ; mais depuis que le genre vaudeville est à peu près disparu de la scène française, qu'on l'a remplacé par les opérettes jouées soit dans des salles de spectacle, soit dans les cafés-concert, il est à prévoir que dans vingt ou trente ans seulement, ces airs ne seront plus que des curiosités archéologiques, connues seulement des lettrés de la musique.

CHAPITRE VII.

CHANTS GUERRIERS, NATIONAUX ET PATRIOTIQUES. — LA RÉVOLUTION.

La plus ancienne forme de la chanson guerrière a été le *bardit,* déjà cité par Tacite, mais dont il ne nous reste rien d'authentique.

Si les historiens ne nous le confirmaient, il serait moralement certain que dans les temps les plus reculés, l'engagement des combattants avait lieu au milieu des cris, des hurlements, des vociférations, et non par un chant rythmé régulier, entonné par la troupe des guerriers.

Le soi-disant hymne patriotique légendaire de la France, *la Chanson de Roland,* n'a probablement jamais existé, du moins on ne possède sous ce titre qu'une chanson de geste de plusieurs milliers de vers (1). Le recueil formé par les ordres de Charlemagne renfermait-il une chanson de Roland? On l'ignore. Nous ne savons même pas si ce recueil se composait de chansons de geste ou de chansons en langue vulgaire. Les paroles d'Éginhard semblent plutôt désigner des poèmes : *Barbara et antiquissima carmina, quibus veterum regum actus et bella canebantur, scripsit memoriæque commandavit* (2).

On a le droit de supposer que nombre de chansons guerrières

---

(1) Burney, dans son histoire de la musique, émet l'opinion que la chanson de l'*Homme armé* aurait pu être le thème original de la chanson de Roland.

(2) Nous ne parlons pas de la chanson apocryphe de Roland, faite par le marquis de Paulmy vers la fin du siècle dernier, donnée de confiance par de La Borde, et reproduite naïvement depuis par plusieurs écrivains, peu familiers avec la musique ancienne. Une chanson de Roland curieuse est celle donnée par Chappell dans le premier volume de sa *Popular Music,* page 7, d'après Croth, quoiqu'elle ne soit certainement pas de 1066, ce qui est bien aussi l'avis de Chappell. On peut voir aussi là-dessus les notes du même auteur, vol. II, page 764.

ont dû être produites par les soldats Gaulois et les Francs, célébrant la gloire et la vaillance de leurs capitaines, ou rappelant les victoires remportées par leurs ancêtres (1).

Le *vin des Gaulois et la danse de l'épée*, en dialecte de Cornouailles, cité par M. de la Villemarqué, malheureusement sans la musique, a une couleur assez sauvage pour être du sixième siècle ; ce qui suit n'est qu'une traduction, bien entendu :

> Mieux vaut vin blanc de raisin que de mûre !
> . . . .
> Vin blanc et sang rouge et sang gras,
> Vin blanc et sang rouge !
> . . . .
> C'est le sang des Gaulois qui coule,
> Le sang des Gaulois !
> J'ai bu sang et vin dans la mêlée terrible,
> J'ai bu sang et vin !
> Sang et vin et danse, à toi, soleil !
> Sang et vin et danse !

Nous sommes trop éloigné de ces époques, pour nous rendre compte bien exactement de ce qui pouvait enthousiasmer les masses au sixième et au septième siècle.

Le chant de la première croisade, cité dans l'Introduction, n'est certainement pas un chant guerrier, mais plutôt une Invocation composée par quelque moine. Quant au fragment reproduit par E. de Coussemaker, dans son *Histoire de l'harmonie au moyen âge*, et que Hildegaire (neuvième siècle) cite comme ayant été chanté et dansé par les femmes qui battaient des mains :

> De Chlotario est canere rege Francorum,
> Qui ivit pugnare in gentem Saxonum
> Quam graviter provenisset missis Saxonum,
> Si non fuisset inclytus Faro de gente Burgundiorum, etc.

---

(1) Les historiens allemands attribuent à Henri le Lion, mort en 1195 ce mot : « le chant est l'aiguillon des combats. »

c'est bien plutôt un récit historique qu'une chanson, et nous sommes d'avis avec E. de Coussemaker, que ce n'est point là la forme de la chanson originale. Toutes ces improvisations de soldats aventuriers, de reistres, de soudarts, etc., dont nous possédons un nombre assez considérable de pièces, sont des chansons historiques, dont aucune n'a jamais été adoptée et popularisée comme chant patriotique français. Ces pièces de circonstance surgissaient à chaque combat, comme à chaque bataille gagnée : par exemple, aucune d'entre elles n'a la brièveté de la *Casquette du père Bugeaud*, improvisée par nos soldats sur la sonnerie des clairons, lors de la prise de la *Smala* d'Abd-el-Kader.

Si nous ne pouvons citer aucun chant patriotique français ancien, il en est ainsi pour les autres nations de l'Europe ; il est même à remarquer que les chants nationaux des peuples civilisés sont tous relativement modernes.

Le *God save the king* anglais, après bien des contestations, est finalement attribué à Henri Carrey, qui s'est suicidé en 1743.

Le *Rakotzy* a été fait en l'honneur du patriote hongrois qui mourut en 1725. D'après une note allemande, le thème de cette marche n'aurait vu le jour que vers la fin du dix-huitième siècle, en souvenir du prince Rágoczy (1).

---

(1) Les Hongrois avaient (et ont peut-être encore) un petit hautbois d'un son très perçant, appelé fifre de Ragoczy (*Ragoczy Pfeife*), instrument avec lequel on appelait le peuple aux armes. On peut voir quelques anecdotes sur Ragoczy dans les *Pièces intéressantes et peu connues* (par de la Place), t. V, p. 351.

Ici se place la *Marseillaise*, en tête de laquelle l'auteur inscrivit la note suivante, quand il publia ses *Chants français* : (1)

« Je fis les paroles et l'air de ce chant à Strasbourg, dans la nuit qui suivit la proclamation de la guerre, fin d'avril 1792 ; intitulé d'abord *Chant de l'armée du Rhin*, il parvint à Marseille par la voie d'un journal constitutionnel, rédigé sous les auspices de l'illustre et malheureux Dietrich. Lorsqu'il fit son explosion quelques mois après, j'étais errant en Alsace, sous le poids d'une destitution encourue à Huningue, pour avoir refusé d'adhérer à la catastrophe du 10 août, et poursuivi par la proscription immédiate qui, l'année suivante, dès le commencement de la Terreur, me jeta dans les prisons de Robespierre, d'où je ne sortis qu'après le 9 thermidor (2). »

On connaît les paroles de Klopstock, s'adressant à Rouget de l'Isle : « Vous êtes un homme redoutable, vous avez renversé plus de cinquante mille Allemands. »

Le grand Joseph Haydn dota son pays, l'Autriche, d'un hymne national en 1797 (3).

---

(1) 50 *chants français mis en musique par Rouget de Lisle. Paris, chez l'auteur, 21, passage Saunier*. Une seconde édition publiée par Maurice Schlesinger ne renferme que 48 *chants français*.

Rouget de Lisle a composé la *Marseillaise* sur son violon ; il en jouait bien ou mal, nous l'ignorons ; voici à ce sujet une lettre inédite, adressée à Pleyel : « Depuis que tu m'as promis un autre violon, mon cher ami, je ne rêve plus que duos : on devient bête à la campagne, et j'y aurai moins de peine qu'un autre. Si tu ne m'as pas oublié fais-moi le plaisir de remettre au porteur l'instrument que tu me destines. S'il n'est pas prêt, dis à mon homme quand il pourra l'aller prendre. Sois sûr que j'en aurai le plus grand soin. »

« Adieu, j'ai quelque espérance de te placer un piano à tambourin, J. R. de Lisle, aux Thermes, vendredi 6 mai. »

(2) Nous ne perdrons pas notre temps à citer les nombreuses protestations et prétentions relatives à la paternité musicale de la *Marseillaise*. Il vient d'en éclore une nouvelle : *Le chant de la Marseillaise, son véritable auteur, par Arthur Loth*, 1886. Cette fois, c'est au moins un Français, M. Grison de St-Omer, qui aurait fait une *Esther* renfermant la Marseillaise.

(3) Ce thème, comme on sait, a été utilisé par l'auteur dans l'un de ses quatuors, à moins cependant qu'il n'ait vu le jour dans le quatuor avant de recevoir des paroles.

Traduction. — Dieu conserve l'empereur, notre bon empereur François, et lui donne longue vie ; les lauriers fleurissent pour lui partout où il marche, Dieu conserve notre bon empereur François.

M. Tappert a découvert dans un Processional de Prague, quatorzième siècle, la phrase suivante :

Campenhout, un Belge, composa en 1830 la *Brabançonne*, devenue le chant national de la Belgique :

(1) Les quatre premières notes sont les mêmes que dans *Gaudinette*, voy. p. 82.

Ce n'est également que depuis 1830 que la Russie a son hymne national, composé par Alexis Lvoff.

HYMNE RUSSE

Nous revenons aux chants français, principal objet de cette étude.

L'intérêt musical de la Révolution, c'est l'apparition de la *Marseillaise,* dont la popularité a fini par éclipser, effacer de la mémoire du peuple les diverses œuvres produites à cette époque par des compositeurs de renom. Nous excepterons *le Chant du départ,* de Méhul, 1794 ; mais qui se souvient des pièces suivantes ?

Gossec.	Chœur patriotique, exécuté à la translation des restes de Voltaire au Panthéon, 1791.
Devienne.	Romance sur la mort de Barra.
Gossec.	Chanson patriotique sur le succès de nos armes.
Id.	Le Triomphe de la loi, chœur patriotique.

CATEL.	Stances chantées pour la fabrication des canons, poudre et salpêtre.
SOLIÉ.	Courageuses mères, chanson patriotique.
LANGLÉ.	Romance sur la liberté des hommes de couleur.
GOSSEC.	Chant patriotique pour l'inauguration des bustes de Marat et Lepelletier.
MÉHUL.	Déesse et compagne du sage, hymne patriotique.
DELAYRAC.	Les Canons, chanson patriotique.
JADIN.	Chant d'une esclave affranchie.
GOSSEC.	Hymne à l'Être suprême.
DEVIENNE.	Chanson sur la mort de Viala.
GOSSEC.	Hymne à la Nature.
CATEL.	Hymne à la Victoire.
Id.	La Bataille de Fleurus, chœur.
JADIN.	Ode à J.-J.-Rousseau (1).
RIGEL (père).	Hymne sur l'Enfance.
GOSSEC.	Serment républicain.
CATEL.	Hymne à l'Égalité.
CHÉRUBINI.	L'hymne du Panthéon.
GOSSEC.	Hymne à Voltaire.
Id.	O glorieuse destinée, 1800, chant national à 3 chœurs et à 3 orchestres.

Dans cette énumération, nous n'avons pas mentionné les pièces purement instrumentales de ces mêmes compositeurs.

Il y a lieu de croire que toutes ces hymnes et stances patriotiques ne furent pas toujours composées, par les musiciens du moins, avec un élan, un enthousiasme, à la hauteur des circonstances ; mais comment refuser à un gouvernement qui *aimait à être obéi,* quand il expédiait des poésies avec ce petit mot : *Envoié par le comité de Salut public à l'Institut national de musique, pour être chanté à la fête de,* etc.?

On a consommé énormément de musique sous la Révolution ; les poètes qui n'avaient pas de musicien sous la main, rimaient sur un vaudeville ou un air d'opéra-comique ; c'est ainsi qu'a

---

(1) Gossec a aussi écrit une cantate à Rousseau, mais elle n'est point mentionnée dans la collection imprimée des chants de la Révolution, 2 vol. in fol.

été fabriqué en 1791 par Boy : *Veillons au salut de l'Empire* (1), en accolant ces paroles à un air de *Renaud d'Ast,* opéra-comique de Dalayrac, représenté en 1787.; ce thème léger et même sautillant n'était pas précisément ce qu'il fallait au texte républicain ; nous donnons les deux versions :

Vous qui d'a—mou—reuse a—ven—tu—re Courez et plai—sirs et dan—ger, — Si de chaleur ou de froi—du—re Par—fois vous sen—tez af—fli—gés,

Veil—lons au sa—lut de l'em—pi—re, Veillons au maintien de nos lois — Si le des—po—tis—me cons—pi—re, Cons—pi—rons la per—te des rois,

Les Girondins furent condamnés à mort en 1793 ; l'un d'eux, Girey Dupré, fit cette strophe au moment suprême :

> Pour nous quel triomphe éclatant !
> Martyrs de la liberté sainte,
> L'immortalité nous attend.
> Dignes d'un destin si brillant,
> A l'échafaud marchons sans crainte,
> L'immortalité nous attend.
> Mourir pour la patrie,
> C'est le sort le plus beau, le plus digne d'envie (2) !

Après les ouvrages des musiciens, pièces officielles en quelque

---

(1) Le premier vers paraît singulier pour la date de 1791, à laquelle nous avons rencontré cette chanson imprimée, la suite des vers la justifie bien.

(2) Rouget de Lisle s'est servi de ce refrain (qui méritait en effet d'être conservé) dans sa scène héroïque *le Vengeur*. Depuis, le compositeur Varney a aussi fait cet emprunt, dans son chant des *Girondins* d'Alexandre Dumas ; il y a même un double emprunt, M. Varney devait connaître le refrain musical de Rouget de Lisle.

sorte, nous mentionnerons un certain nombre de chansons du peuple, dont plusieurs acquirent une triste célébrité. La plupart d'entre elles furent faites sur des airs de vaudeville alors en vogue, ou plutôt dans la mémoire des paroliers, et ceux-ci n'y regardaient pas de très près pour faire leur choix. L'énumération qui qui va suivre à la page 188, très abrégée, est faite d'après les feuilles volantes du temps, une mine d'environ 200 pièces que nous possédons. Quelques-unes de ces chansons portent le nom des musiciens, qui sont : le cousin Jacques (Beffroy de Reigny), Martainville, Giroust (le plus fécond entre tous), Rignault, Albert, Foignet, Séjan, Duchamp, Bertin, Duboulay, Savard, Jouve, Gatayes, Gaveaux, Bruni, etc. (1).

Une des premières chansons de cette série, et l'une des plus célèbres est le *Ça ira*, qu'on date de 1789, quoiqu'elle ne fût réellement très répandue que dans le courant de l'année suivante. La légende raconte que le général Lafayette engagea le chanteur ambulant Ladré à travailler à ce chef-d'œuvre. Ladré adopta comme air une contredanse connue alors sous le titre de *Carillon national*, et y plaqua tant bien que mal ses misérables bouts rimés. L'étendue de cet air, non écrit pour la voix, se terminait sans doute à l'exécution par une criaillerie épouvantable du chanteur, qui n'était pas un Nourrit, tant s'en fallait. Voici le *Ça ira* d'après une feuille volante du temps :

---

(1) Le plus grand nombre de ces feuilles volantes, avec le timbre de la première république, l'air et les paroles, sont éditées par Frère, passage du Saumon.

-ra, Les a-ris-to-crat's on les pen-dra. Si'on n'les pend pas, On les rom-pra, Si'on n'les romp pas, On les brûl'-ra: Ah! ça i-ra, ça i-ra, ça i-ra, Les a-ris-to--crat's à la lan-ter-ne, Ah! ça i-ra, ça i-ra, ça i--ra, Les a-ris-to-crat's on les pen-dra!

1790

Le tombeau des aristocrates (sur l'air *Vive Henry IV*). *Ronde de la Fédération.*

1791.

Regrets des Fédérés en quittant leur roi.

1792.

Le siège de Thionville.
L'aristocratie en déroute.
J'ons un curé patriote.
Expédition du général Lameth.
Le siège de Lille (plusieurs pièces).
La montagne.
Orgie des gardes du corps.
Couplets à M. de Lafayette.
Couplets sur le fanatisme.

C'est dans cette année qu'on commença à chanter la *Carmagnole*, qui venait on ne sait d'où, mais qui laissa dans l'histoire un triste souvenir.

LA CARMAGNOLE.

Madam' Veto avait promis De faire égorger tout Paris, Mais son coup a manqué Grâce à nos canonnié: Dansons la Carmagnole, Vive le son, vive le son! Dansons la Carmagnole, Vive le son du canon.

Castil-Blaze, dans son *Molière musicien*, vol. II, p. 457, dit que la Carmagnole est un air provençal, *infiniment* vieux; c'est une supposition des plus gratuites : d'après son aspect, c'est un air de chasse du siècle dernier.

1793.

Agricole Viala, chanté par la citoyenne Saint-Aubin.
La prise et la reprise de Toulon (plusieurs pièces).
L'autel de la patrie.
La carmagnole.
La carmagnole des royalistes.
Chanson des sans-culottes.
L'Heureuse Décade.

Le Globe (ballon) *des Tuileries.*

(Il y en a une quinzaine, dont l'une sur l'air de *Malbrough*).

La liberté ou la mort.

Les saints convertis en monnaie.

Veillons au salut de l'empire.

La victoire en permanence.

Hymne pour les martyrs de la liberté : Barras et Viala.

Hymne sans-culotide.

Le club des bonnes gens.

Hymne à l'arbre de la liberté.

1794.

Hymne à J.-J.-Rousseau.

Hymne à la Raison.

Hymne au genre humain.

Hymne sur la bataille de Fleurus.

Reddition de Lyon.

Religion républicaine.

Le réveil du peuple (avec la signature de Gaveaux).

Le salpêtre républicain.

Hymne à la Raison.

Hymne à l'Éternel.

Les maîtres de danse, ayant à cœur de prouver leur patriotisme, inventèrent et firent imprimer des *contredanses* avec les titres gracieux et alléchants que voici :

Le droit de l'homme. — *La première réquisition.* — *Le serment civique.* — *La guillotine.* — *Le Veto.* — *Le tombeau des aristocrates.* — *Les culs fouettés.* — *Les nonnes fouettées.* — *La joie du père Duchêne.* — *La fureur du père Duchêne.* — *Les petits assignats.* — *La résurrection de Voltaire,* etc.

A cette époque, où le besoin de rimer allait jusqu'à la folie, on semble avoir voulu ressusciter aussi les chansons législatives des Grecs, car nous trouvons la *Constitution en Vaudevilles*, par Marchant, 1792. — La *Constitution de la République en Vaudevilles*, par Ramel Pichenot, an III. — La *Révolution française en Pot pourri*, 1791. — La *République en Vaudevilles*, par Marchant, 1795. — *Le Code civil en vers*, par J. H. F. R. Paris 1805 (lisez J. H. Flacon Rochelle) (1).

En 1788, avait paru la *Cantatrice grammairienne*, par l'abbé Barthélemy, *ouvrage où l'on apprend l'orthographe par le moyen des chansons érotiques, dédié aux dames*. — Il y eut aussi le *Vélocifère grammatical* ou *la langue française et l'orthographe apprises en chantant*, par Mlle St. de Warchouf, 1806 ; troisième édition. — *Arlequin au Museum*, ou *Critique des tableaux en Vaudevilles*. Paris, 1802. Deux suites, dans lesquelles on parle de Van Loo et de Fragonard. — Puis encore *les Tableaux du Museum en Vaudevilles*, par le citoyen Guipava, Paris au 9. — *L'observateur au Museum* ou *la Critique des tableaux en Vaudevilles*. Sans date.

Le règne de Napoléon Ier a produit peu de chansons patriotiques ; on dirait que le grand guerrier avait mis les chanteurs hors d'haleine, ou serait-ce peut-être parce que les innombrables chansons de la République avaient assourdi suffisamment les oreilles, et ébréché, éraillé outre mesure le gosier des chanteurs?

Les victoires de Napoléon furent cependant chantées, et donnèrent lieu à de nombreuses pièces de vers, des odes plus particulièrement. Malgré ce bagage poétique, c'est encore Béranger qui a le mieux conservé dans la mémoire populaire le souvenir de l'empereur Napoléon Ier; ces chansons-là se trouvent parmi les plus réussies du célèbre chansonnier.

La révolution de 1830 fit bien éclore quelques chants patrio-

---

(1) Déjà en 1768 on avait mis au jour *la Coutume de Paris*, en vers, et en 1846 on publia *la Charte constitutionnelle* de 1830, mise en vers par Louis Roger. Valenciennes.

tiques, mais aussitôt parus, aussitôt oubliés. Halévy composa le *Tricolore* sur des paroles de Barthélemy et de Méry, ce morceau eut le sort commun, et la *Parisienne* seule se soutint pendant les premières années du règne de Louis-Philippe (1).

A propos des événements de 1848 nous trouvons quelques pièces sur la mort du général Négrier et sur celle de l'archevêque de Paris.

Les nombreuses chansons parues sous le règne de Napoléon III sont de notre temps, il semble hors de propos de les mentionner. Quant à celles relatives à la guerre avec la Prusse en 1870 et les chansons patriotiques de la République actuelle, il y en a une montagne : la Bibliothèque du Conservatoire en possède 10 ou 12 volumes in-folio ; *le Rhin allemand* de Musset, à lui seul, a paru avec trente ou quarante diverses versions musicales.

Que la France chante ses succès, ses victoires : ce n'est que juste et raisonnable, mais on ne se doute pas assez dans notre beau pays que, de l'autre côté du Rhin, on a soin de mettre en relief toutes nos défaillances et tous nos revers, surtout dans les chansons.

Nous possédons une dizaine de pièces rien que sur la retraite de Moscou, que les Allemands appellent *la Fuite de Russie de l'empereur Napoléon ;* puis on nous chansonna par là, dedans le pays de Prusse, sur les événements de 1813, Lützen, Vittoria, Leipzig et enfin à propos de l'invasion des alliés. Nous ne mentionnons pas les petits combats, mais les Allemands ont soin de les mentionner dans leurs chansons, où rien n'est oublié : l'entrée des alliés à Paris et la chute de Napoléon, tout cela est rappelé dans mainte pièce.

La guerre de 1870-1871 a été pour les chansonniers prussiens une occasion superbe de nous déchirer à belles dents ; on a déjà

---

(1) *La Parisienne*, voyez le chapitre des *Chansons historiques*, p. 53 et 54.

publié cent cinquante ou deux cents chansons là-dessus ; nous ne parlons que de celles que nous possédons, et nous ne possédons pas tout.

Ces produits de la verve prussienne ne sont pas toujours des chefs-d'œuvre d'esprit ; on en pourra juger par la suivante, où tous les mots soulignés sont en français dans le texte allemand :

> Ainsi, nous allons marcher
> Sur la belle ville de Paris ;
> Là nous apprendrons le beau langage,
> Cela est sûr et certain :
> *Vullé vou* des coups, *Mosié,*
> Pour la *gloire* et la *liberté?*
> *Toujour* gais, *toujour* joyeux,
> Comme le roquet dans son paletot,
> *Vullé vou* des coups, *vullé vou?*
> *Filou! filou! filou!* et hourrah !

On voit que ces poètes populaires de la Germanie prussienne, dès qu'ils touchent à une langue qui n'est pas la leur, deviennent absolument idiots. Nous donnons en entier la chanson intitulée :

LA FUITE DE BOURBAKI EN SUISSE.
1er février 1871.

Dieu les a frappés, l'homme, le cheval et l'équipage. L'armée française erre dans la neige et la glace. Bourbaki en fuite, ses soldats sans discipline : Dieu les a frappés, etc.

Des tambours sans baguettes, des cuirassiers en robes de femmes, des chevaliers sans épée, des cavaliers sans cheval : Dieu les a frappés, etc.

Des porte-drapeaux sans drapeau, des fusils sans chien, des commandants sans talent, des canoniers sans canons : Dieu les a frappés, etc.

Des sacs sans pain, partout la faim et la misère, des chariots sans roues, tous faibles et fatigués : Dieu les a frappés, etc.

C'est ainsi que l'armée française fuit vers la Suisse, où avec peine elle se sauve de la mort : Dieu les a frappés, etc.

Au lieu de mettre le pays allemand à feu et à sang, ils sont terrassés comme Pharaon : Dieu les a frappés, l'homme, le cheval et l'équipage.

La *Commune* de Paris a de même inspiré la muse d'outre-Rhin, qui, dans sa raillerie, fait parler ainsi les communards :

> Gai, gai, frères et amis,
> Nargue des soucis :
> Buvez un bon verre de vin.
>
> A la santé des frères et amis
> Qui démolissent tout,
> Ce sera notre joie !
>
> Allons, vivons gaiment,
> Festoyons et chantons,
> C'est si ennuyeux de travailler.
>
> L'argent ne manquera pas d'ailleurs,
> Nous prenons partout,
> Qui peut nous en empêcher ?
>
> A bas les patrons et les curés,
> Les rois, les empereurs,
> A bas tout ce qui veut commander !
>
> Nous sommes des citoyens libres,
> L'univers entier sera notre proie :
> Voilà comment il faut agir.

CHAPITRE VIII.

TRANSFORMATIONS DE LA CHANSON POPULAIRE. — RYTHME. — TONALITÉ. — ÉPILOGUE.

Beaucoup de publications sur la chanson populaire en France ont été faites depuis quelques années ; plusieurs d'entre elles renferment d'excellentes préfaces, pièces littéraires aussi instructives qu'intéressantes, mais on n'y a guère touché le côté musical, la transformation des airs entre autre, étude qui exige des recherches patientes et persévérantes.

Les airs anciens, les chansons des villes surtout, subissent des transformations qui semblent suivre le cours ou la marche de la civilisation, quelquefois même celle de la mode. Rien de plus naturel d'ailleurs que ce rajeunissement des chansons transmises oralement et dont la vogue se continue à travers les temps. Observons toutefois qu'une chanson du seizième ou du dix-septième siècle ne pouvait avoir à son origine la vivacité de rythme qu'elle a de nos jours, paroles et musique.

Pour les airs des compositeurs, transmis par l'impression, il n'en a pas été ainsi, c'est pourquoi nous trouvons par exemple la plupart des airs de Lully beaucoup plus lourds, plus arriérés, plus vieillis dans leurs allures mélodiques et rythmiques que des airs populaires de la même époque : l'air de Lully est resté tel que, tandis que le chant populaire s'est rajeuni en arrivant jusqu'à nous.

Au lieu de multiplier les citations, ce qui nous serait facile, nous n'examinerons qu'un seul air populaire, celui de l'*Échelle du Temple,* dans ses diverses phases de transformations.

A l'origine, cette échelle du Temple était une échelle patibulaire que les Templiers avaient fait placer au coin de la rue des Vieilles-Haudriettes, comme marque de leur justice. Pendant les troubles de la Fronde (1649) elle fut détruite; le poète Blot en fit même la complainte :

> Ce sont messieurs du Marais
> Qui m'ont causé tant de regrets ;
> C'est le brave monsieur Rouville
> Candale, Brissac et de Gerzé,
> Coulon et le marquis de Ville,
> Camus, qui m'ont ainsi traité.

Cette échelle ne fut point rétablie (1).

L'air sur lequel se chantait l'*Échelle du Temple* était celui de *Monsieur le Prévost des Marchands.* D'après M. Magnin cet air de *l'Échelle* aurait eu pour patron celui des *Rochellois;* mais en comparant ces deux thèmes, on se demande ce que l'un aurait pu emprunter à l'autre, ils diffèrent totalement. Les mêmes paroles, il est vrai, peuvent s'ajuster aux deux airs, mais cela n'appuie en rien ce que dit M. Magnin. Voici d'abord *l'air des Rochellois* d'après le recueil de Maurepas

---

(1) Édition de *La Fontaine*, par Marty-Laveaux, 1859, t. III, p. 259.

Mignolet était une des personnifications de Polichinelle, et M. Magnin fait remonter cette chanson à Henry IV (1).

L'air du *Prévost des marchands* est noté ainsi dans la *Clef des chansonniers*, 1717 :

Je suis le fa-meux Mi-gno-let, Gé-né-ral des Es-pa-gno-lets; Quand je mar-che la ter-re trem-ble, C'est moi qui con-duis le so-leil, Et je ne crois pas qu'en ce mon-de On puis-se trouver mon pa-reil.

On peut voir la même notation dans les *Noei Bourguignon* de la Monnoye, 4ᵐᵉ édition, 1720 ; une autre chanson que celle du *Prévost des marchands* était connue alors avec ce même air, car dans cette édition de 1720 on met : sur l'air *Votre jeu fait ici grand bruit*, le même que le Prévost des marchands. Ces nouvelles chansons qui se substituent aux anciennes en gardant le même air, rendent les recherches d'autant plus compliquées. Nous mettons en regard *le Prévost des marchands* d'après le *Chansonnier français* 1760 et la version de la *Clé du Caveau*:

---

(1) Ch. Magnin, *Histoire des marionnettes en Europe*, 1862, p. 124 et suiv.

Clé du
Caveau.

Cette version de 1760, en rythme binaire, paraît avoir été calquée en rythme ternaire par la *Clé du caveau,* qui s'est permis en outre des rajeunissements faciles à distinguer.

On voit par cet air de l'*Échelle du Temple,* noté à différentes époques, une preuve palpable de l'indécision des rythmes dans la transmission des chansons, puisque la même est tantôt en rythme binaire, tantôt en rythme ternaire ; quant à la dernière version, celle de la Clé du caveau, elle est plus pimpante, plus vive, en un mot elle est rajeunie.

Il y a des légendes dont l'origine se perd dans les temps les plus lointains, mais que le peuple a constamment maintenues dans son répertoire. La transformation de la langue a fait abandonner les paroles originales, qu'on ne comprenait plus, l'air ancien a sombré dans le même naufrage : le sujet seul a survécu. Un des plus curieux exemples est la chanson gracieuse : *Las! il n'a nul mal qui n'a le mal d'amour* qu'on trouve déjà au quinzième siècle (1). E. de Coussemaker l'a publiée d'après un manuscrit belge ou flamand, de la façon suivante :

---

(1) De Orto (Dujardin), compositeur qui vivait au 15ᵐᵉ siècle, a écrit une messe sur *La belle se siet au pied de la tour.*

Cette même version a passé en vente il y a un peu plus d'un an, dans un manuscrit de la fin du quinzième ou commencement du seizième siècle (1).

La Bibliothèque nationale possède deux parties de chant d'un recueil imprimé à 4 voix au seizième siècle, en voici le *superius*, que le ténor suit pas à pas en imitation :

Beaucoup de compositeurs du seizième siècle ont mis cette chanson à 4 voix, avec des textes qui varient, tout en gardant le même sujet. Ainsi on la trouve avec de la musique de Bussy dans les *Chansons en forme de vaudeville*, 1573, Le Roy et Ballard ; avec de la musique de Josquin des Prés dans la *Couronne et Fleur de chanson à trois*, Venise, 1536, dont le seul exemplaire connu est à la bibliothèque de Rouen, provenant de Leber. Il nous souvient d'avoir vu cette même chanson à 4 voix avec de la mu-

---

(1) Catalogue de la librairie Tross, 1884.

sique d'Orlando de Lassus à la bibliothèque Sainte-Geneviève.

Laborde, dans son *Essai sur la musique,* 2me volume, donne une version plus moderne, dont le thème est fort gracieux; il l'attribue à Jacques Lefebvre, que Fétis cite comme un compositeur de la cour de Louis XIII (1).

Ici, le père est moins féroce, par cela même la version est moins ancienne, et nous ne sommes plus au barbare moyen-âge :

> Las! Il n'a nul mal qui n'a le mal d'amour !
> Le bon Roy lui dit : ma fille qu'avez vous?
> Voulez-vous un mary? Hélas! oui mon seignour.
> Las! il n'a nul mal, etc.

Nous avons recueilli une autre version dans la Drôme; ici les rôles sont changés, c'est la princesse qui est dans la tour, et c'est son bien aimé qui la délivre.

---

(1) Cette version, avec une autre harmonie, est rééditée dans le 1er vol. des *Échos du temps passé*, J. B. W.

- ces - se, mes a - mours; Son pè - re la tient ren-fer-mé; Ses a-mours ne veut point quit - ter.

N'a bien resté six ans passés
Que personn' ne l'a visité,
Mais au bout de six ans passés
Son père la vient visiter.

« Bonjour, ma fill', comment qu'ça va ? »
— Mon cher papa, ça va très mal,
J'ai mon côté rongé des vers,
Et mes deux pieds chargés de fers. —

— Mon cher papa si vous aviez
Cinq ou six sous à me donner,
Je les donn'rais au geolier,
Qu'il me déchaînerait les pieds. —

« Vraiment, ma fill', nous en avons
Des mille, aussi des millions,
Des millions pour vous donner,
Si vos amours voulez quitter. »

— Avant d'quitter mes bell's amours
J'aim' mieux mourir dedans la tour. —
« Tu y mourras, tu'y pourriras,
Jamais personn' t'en sortira. —

Son cher amant passant par là,
Un mot de lettre il lui jeta :
« Faites ce que la lettre dit,
Vous en serez bientôt sorti. »

« Faites la morte au vendredi,
Qu'on vous enterre au samedi. »
Le prêtre va devant chantant,
Son pèr' cruel après pleurant (1),

_____

(1) Ce dénouement d'une jeune fille qui fait la morte se trouve aussi dans *la Jolie Fille de la Garde, Chansons des provinces*; il existe également dans une autre chanson commençant par : *Le roy séant en pleine cour.*

Son cher amant, passant par là,
N'a demandé : qu'est tout cela ?
« C'est votre amie Louison,
Qui en est mort' dans la prison. »

— Si c'est ma mie que vous portez,
Permettez-moi de l'embrasser. »
Sitôt l'a pris', la embrassée,
Dans son caross' l'a emportée.

Le père crie à haute voix :
« Parents prenez exemple à moi,
Car toute fill' qui veut aimer
On ne peut pas lui empêcher. »

Enfin voici une dernière version recueillie en Normandie ; elle se rapproche considérablement de la précédente comme texte, si bien que de ces deux dernières chansons l'une a évidemment servi de patron à l'autre :

Les couplets de la fin sont :

Le fils du roi vint à passer,
Un p'tit billet lui fut jeté :
« Faites la morte, enseveli',   ⎱ bis
Que l'on vous porte à Saint-Denis. » ⎰

> Ell' fit la morte, enseveli',
> On la porta-s-à Saint-Denis.
> Plus d' cinq cents prêtr's, autant d'abbés } *bis*
> Pour conduire la belle enterrer.
>
> Le fils du roi vint à passer :
> « Morte ou vivant', j' l'embrasserai! »
> — S'elle est vivant', vous la-z-aurez,
> S'elle est morte, l'embrasserez. —
>
> Il prit ses petits ciseaux fins
> Pour découdre le drap de lin ;
> La bell' se mit à remuer,
> Et tous les prêtres à chanter :
> « Que voilà-s-un tour bien joué » (*bis*) !

Le sujet de cette chanson reparaît sous une autre forme dans la *Pernette* (1). Ici la jeune fille n'est pas dans une tour (on en est à une époque moins barbare) ; elle est à filer, et sa mère lui offre *un prince ou un baron,* mais Pernette préfère son ami Pierre. La mère réplique : *Tu n'auras pas ton Pierre, nous le pendolerons.* La jeune fille réplique :

> Si vous pendolez Pierre,
> Pendolez-moi-z-aussi,
> Les pélerins qui passent
> Prieront Dieu pour nous deux.

Cette version modernisée se rencontre dans l'Auvergne, le Dauphiné, le Lyonnais, la Charente, le Languedoc, la Bretagne ; M. Damase Arbaud la donne également dans ses *Chants populaires de la Provence,* sous le nom de *Parneto,* qui d'après lui n'est qu'une altération de Pernette.

Qu'une chanson populaire, dans ses pérégrinations à travers les siècles, s'acclimate dans les différentes provinces d'un pays, et moyennant quelques transformations, y prenne droit de cité, cela n'a rien de bien étonnant. Si certains dialectes de nos pro-

---

(1) *Chansons populaires des provinces de la France.*

vinces s'éloignent d'une manière sensible du français, il y a au fond de ces dialectes un esprit de nationalité qui les rapproche et les harmonise en quelque sorte, exceptons toutefois la langue bretonne.

Une chose moins compréhensible, c'est de trouver des chansons, les mêmes, reproduites par exemple en France et en Allemagne, pays dont les langues n'ont aucun rapport d'origine, et dont le génie est diamétralement opposé. Cela existe cependant, ne citerions-nous que *Biquette tu sortiras de ces choux-là,* qu'on rencontre dans tous les dialectes allemands, également en Hongrie, en Angleterre, et dont il faut chercher l'origine chez les Hébreux et les Chaldéens. En Alsace *Biquette* s'appelle *Joggele* (1), mais dans toutes les versions le sujet est absolument le même, et les détails de la chanson se suivent identiquement. Tant il est vrai que certaines légendes se trouvent tellement au diapason des sensations populaires, qu'elles ressemblent aux graines minuscules emportées par le vent, et se reproduisant partout où elles rencontrent une terre qui leur est favorable.

RYTHME.

L'habitude des barres de mesure dans les morceaux à plusieurs parties n'a été pratiquée généralement qu'à partir de la seconde moitié du dix-septième siècle ; nous disons *généralement,* car on trouve beaucoup d'exceptions, bien antérieures à cette date ; les tablatures de luth, par exemple, ont des barres de mesure dès le seizième siècle. Nous n'oserions affirmer avec M. Böhme (2) que les chants populaires *n'étaient jamais sans mesure :* quant aux chansons à danser, oui certainement, mais pour les autres il y a du pour et du contre.

---

(1) *Chansons populaires de l'Alsace,* par J. B. W.; Paris, 1883, t. II, p. 337.
(2) *Altdeutsches Liederbuch,* p. XIV.

En tout cas, la chanson populaire étant conçue et chantée en dehors des connaissances musicales, il n'est pas étonnant d'y rencontrer de fréquents changements de mesure. Le sentiment rythmique, plus ou moins prononcé chez tel ou tel individu, fait passer la même chanson à travers d'innombrables versions ; dans ce travail de collaboration inconsciente, elle finit par acquérir une carrure qu'elle n'avait pas à son origine, et c'est alors, dans cet état perfectionné, qu'elle se répand plus vite et gagne sa popularité dans tout un pays. La plupart de nos chansons populaires les plus connues ont dû éprouver les effets de ce *criterium* : *Malbrough, Au clair de la lune* (1), *Ah! vous dirai-je maman, le roi Dagobert, Giroflé girofla, le roi d'Yvetot, Dans les gardes françaises*, etc.

Ces airs ont tous une coupe régulière de quatre mesures. Si l'on n'admettait pas l'invention et le perfectionnement des airs populaires par le peuple lui-même, il faudrait se ranger à l'opinion de M. Tappert, qui prétend que le peuple n'a créé aucune de ses chansons, que toutes les pièces de son immense répertoire ont eu pour point de départ l'œuvre de quelque compositeur (2) ; dans la Préface on a vu cette même opinion, émise depuis par M. Böhme.

Il n'y a pas que des coupes régulières dans la chanson du peuple, on en trouve au contraire beaucoup qui font exception ; ainsi : *Combien j'ai douce souvenance,* après deux fois quatre mesures nous présente cinq mesures qui se répètent également. *Vive Henri quatre* après la coupe quaternaire, se termine par trois mesures, etc.

Si le mélange des rythmes se présente souvent dans le chant

---

(1) A la page 82, on a vu la première partie du *Clair de la lune*, déjà noté dans les *Voix de ville* de Jehan Chardavoine, 1576.

(2) *Musikalische Studien* (Études musicales), par W. Tappert, Berlin 1868 ; à la page 36 l'auteur dit : Le peuple ne compose pas, il ne fait qu'accommoder, et varie tout au plus ; il ne crée jamais, il choisit ses bribes de phrases dans ce qui existe déjà.

populaire, on le rencontre cependant assez rarement d'une façon aussi régulière que dans la chanson suivante :

À ma main droite y a-t-un ro-sier, À ma main droite y a-t-un ro-sier, Qui porte ro-ses au mois, au mois, Qui porte ro-ses au mois de mai. (1)

Nous retrouvons cette chanson au Canada ; M. Gagnon l'a publiée à $\frac{6}{8}$, mesure qui a le grand défaut de n'accuser aucun temps fort :

Dans ma main droi-te Je tiens ro-sier, Dans ma main droi-te Je tiens ro-sier, Qui fleu-ri-ra, Ma-non lon-la, Qui fleu-ri-ra Au mois de mai.

Les airs français transcrits dans la *Clé du caveau* sont presque tous modernisés comme rythme : *A la façon de Barbari mon ami* se chantait à quatre temps, comme on peut le voir dans *la Clef des chansonniers*, 1717, dans la clé du caveau elle est notée à $\frac{6}{8}$; l'allure en est complètement changée, cela devient un air de

---

(1) Bujeaud. — *Chansons populaires des provinces de l'Ouest.*

chasse. Cette insouciance ou négligence date de loin, comme nous l'avons déjà remarqué : dans le *Théâtre de la Foire*, 3° volume, l'air de *Turlurette* est noté à quatre temps ; au 10° volume du même ouvrage cet air se trouve noté à $\frac{6}{8}$, et c'est cependant la même mélodie : ne vient-on pas de voir le timbre de l'*Échelle du temple* noté à trois et à quatre temps?

TONALITÉ.

Dans son *Résumé philosophique de l'histoire de la musique* (1), Fétis avance avec raison « qu'à l'audition de la musique d'un peuple, il est facile de juger de son état moral, de ses passions, de ses dispositions à un état tranquille ou révolutionnaire, et enfin de la pureté de ses mœurs ou de ses penchants à la mollesse. Quoi qu'on fasse, on ne donnera jamais un caractère véritablement religieux à la musique sans la tonalité austère et sans l'harmonie consonnante du plain-chant ; il n'y aura d'expression passionnée et dramatique possible qu'avec une tonalité susceptible de beaucoup de modulations. »

Quant au troisième point, qu'il n'y aura d'accents langoureux, tendres, mous, efféminés qu'avec une échelle divisée par de petits intervalles comme les gammes des Arabes, ceci prêterait fort à la discussion.

D'Ortigue, lui, s'exprime ainsi :

« Pour les chansons, les airs populaires, il en existe autant d'espèces, de variétés, de familles, qu'il y a de races d'hommes, de tribus, de peuplades. C'est dans ces airs, véritables monuments historiques et qui ont constitué seuls une tradition orale, que se perpétuent au sein de la civilisation, les souvenirs et les annales de races quelquefois perdues ou éteintes, et je ne

---

(1) Première édition de la *Biographie universelle des musiciens*, p. LIII.

crains pas de dire qu'à mesure que ces airs recueillis avec plus de soin, mieux connus ou rétablis dans leur forme primitive, dévoileront les lois de leur tonalité et les bases constitutives des gammes sur lesquelles ils reposent, il en jaillira des lumières propres à fixer et à classer certaines origines nationales, dont il est fort difficile souvent de pénétrer l'obscurité (1). »

Dans plus d'un endroit de cette étude nous avons observé que le sentiment de la tonalité nouvelle, faisant scission avec les modes du plain-chant, se laisse apercevoir dans certaines chansons du peuple, bien avant qu'elle ne fût admise unanimement par les musiciens.

Il nous semble difficile d'ailleurs d'admettre que la tonalité moderne se soit établie comme un coup de foudre, du jour au lendemain. M. Fétis a beau nous préconiser Monteverde comme l'inventeur de la septième dominante, les compositions antérieures et contemporaines à Monteverde, nous prouvent que l'harmonie moderne s'est établie et perfectionnée comme la civilisation, pas à pas, petit à petit (2).

Quant à la *note sensible*, Fétis a toujours soutenu qu'elle existait dans l'ancien plain-chant, d'abord en 1845 dans la *Revue de la musique religieuse de Danjou*, puis il y est revenu en 1857 (3).

Le maître attribue l'absence de la *note sensible* dans les anciens manuscrits de plain-chant aux notations imparfaites et incomplètes qui furent en usage dans le moyen âge ; cette explication

---

(1) *La Musique à l'église*, par d'Ortigue, p. 38.

(2) On peut voir à ce sujet une discussion à fond entre MM. Fétis et Gevaert: dans le *Ménestrel* du 22 novembre 1868. — Dans la *Gazette musicale* du 28 novembre, du 20 décembre 1868 et du 3 janvier 1869 ; également une brochure de M. Gevaert, parue le 13 décembre 1868.

(3) *Bulletin de l'académie royale des sciences, lettres et beaux-arts de Belgique*, 2ᵉ série, t. I, p. 539 ; Bruxelles, 1857.

nous paraît insuffisante pour établir une conclusion aussi grave. M. A. Le Jolis a déjà critiqué cette opinion dans une brochure (1) où il dit avec raison : « Prétendre, à l'exemple de M. Fétis, que cette véritable décadence du goût musical serait uniquement le résultat des notations imparfaites usitées alors, me paraît une opinion toute gratuite ; car au moyen âge la tradition et la mémoire jouaient un plus grand rôle que la science, alors que tous savaient chanter et que bien peu savaient lire. »

L'altération ascendante de l'avant-dernière note dans les cadences finales a préoccupé de bonne heure les didacticiens de la musique : Vanneo en parle au feuillet 90 de son *Recanetum de musica aurea,* publié en 1533 ; au feuillet suivant il donne un exemple à quatre parties : c'est donc dans ce livre qu'il faut chercher les premières nouvelles de la *note sensible*.

Encore dans ces derniers temps des écrivains ont exprimé naïvement leur étonnement, leur surprise, de trouver dans des pays de montagnes, ou dans des coins de la Bretagne, éloignés des villes et des chemins de fer, des villageois qui chantent dans les modes du plain-chant, par exemple dans le premier ton (2) ; ces savants prennent tous les airs que chantent ces braves gens pour des monuments de la plus haute antiquité, et ne font pas attention que ces paysans, bretons ou autres, n'ayant jamais entendu que le plain-chant de leur village, ne peuvent connaître d'autres tonalités ; notre étonnement, au contraire,

---

(1) *De la Tonalité du plain-chant comparée à la tonalité des chants populaires ;* Paris, 1859.

(2) M. Beaulieu, après beaucoup d'autres qui l'ont précédé, avait aussi fait cette découverte en 1828, au haut des Pyrénées. (Voyez son *Mémoire sur quelques airs nationaux qui sont dans la tonalité grégorienne ;* page 6.) Or, comme les erreurs se propagent plus vite que les vérités (un signe de notre faiblesse humaine), tout dernièrement on a déjà posé en paroles d'évangile l'erreur des tons grecs chez le peuple breton, dans un rapport au ministre de l'Instruction publique, qui l'aura sans doute pris pour argent comptant, en supposant qu'il ait eu le temps de le lire.

Prochainement on nous dira que Merlin lui-même ne chantait que dans le *mode hyperastien*, et que c'est là ce qui enchantait particulièrement les Bretons.

serait de les entendre chanter dans les tonalités modernes. Ainsi la phrase :

et mille autres de ce genre, sans la note sensible, se rencontrent à chaque instant. Nous avons fait quelquefois la contre-épreuve de ces airs, avec la note sensible :

mais ces bonnes gens nous observaient invariablement que nous *faisions une faute à la fin.*

S'il y a beaucoup de mélodies populaires où la sensible ne paraît point, il y en a d'autres où l'oreille ne l'exige pas, comme dans la chanson suivante :

Des _ sur le pont de Nan _ tes, lan la tra la la la, Des _ sur le pont de Nan _ tes Un pri_son_nier il y'a, Un pri_sonnier il y'a.

Nous sommes bien convaincu que le sentiment réel et impératif de la *note sensible* n'a existé et ne s'est imposé qu'en même temps que la *septième dominante*, mais on trouve cette note sensible, non pas dans les anciens plain-chants comme le voudrait faire accroire Fétis, mais dans certains chants du peuple : c'était absolument le même tâtonnement que pour la

192 LA CHANSON POPULAIRE.

septième dominante : c'était une sorte de pressentiment chez toutes les natures bien douées pour la musique.

Pour appuyer notre dire par un exemple, voici une chanson copiée à la Bibliothèque nationale d'après un splendide manuscrit du seizième siècle (vers 1510), il a été fait pour le connétable de Bourbon (1). Nous sommes là en possession d'une date; la chanson que nous donnons est le n° 28 du manuscrit, beaucoup d'autres pièces de ce volume précieux auraient pu remplir le même objet. On remarquera dans cette chanson que la tonalité de *fa* y est établie, et cela d'autant mieux que tous les *si* bémols donnent le sentiment de la septième de dominante, même le second vers *De bone amour certaine* porte une phrase qui module en *ut* d'une façon incontestable, pour rentrer en *fa* avec les *si* bémols suivants qui ont de nouveau le sentiment de 7e dominante. Or, nous sommes un siècle avant Monteverde! ces sortes d'exemples pourraient être multipliés à loisir :

2e Strophe.

Et puis qu'il est ainsi
Que je scay bien quil maime,
Je seroye bien villaine
Daymer aultre que luy.

---

(1) Le texte de ce manuscrit a été publié à Caen en 1866 par M. A. Gasté. Dès 1863 nous avions copié toutes ces chansons en notation moderne, notre travail n'a pas encore été publié. M. Gaston Paris a également utilisé quelques pièces de ce manuscrit dans ses *Chansons du quinzième siècle*; Paris, 1875, avec notations modernes de M. Gevaert.

On a observé bien des fois avant nous que les tonalités mineures priment les majeures dans la chanson populaire, non seulement en Bretagne, mais dans toutes les provinces en général, en exceptant toutefois celles du Midi. Il ne faudrait pas croire d'après cela que le soleil tout seul produit cet effet : les tons majeurs sont beaucoup plus fréquents dans les chansons des villes que dans celles de la campagne, et cela s'explique en ce que le séjour des villes porte moins à la mélancolie que celui de la campagne. On a remarqué d'ailleurs que pour les chansons populaires de tous les peuples du monde, les tonalités mineures sont plus fréquentes que les majeures, parce que la pluralité de ces chansons ont pris naissance hors les villes. Nous ne connaissons que deux pays qui font sciemment exception à cette règle générale, ce sont le Tyro et la Suisse, où tous les *Jodler* sont en majeur.

Certaines chansons populaires présentent de vraies difficultés d'harmonisation, leur tonalité est flottante, indécise, parce que ces mélodies du peuple sont conçues sans aucune arrière-pensée d'harmonie, il en est même qui ne finissent pas dans le ton, comme *la Boulangère,* qui commence en *ut*, passe en *la mineur*, et finit en *sol :*

_cus, j'ai vu la bou_lan_gè_ _ _re.

Il y a déjà un couplet de *boulangère* dans les *chansons folastres et prologues tant superlifiques que drolatiques des comédiens françois, revus et augmentés de nouveau par le sieur de Bellone; Rouen,* 1612.

> La belle boulangère
> A presté son devant
> Avec une lingère,
> Pour avoir de l'argent :
> Eh ! leurs maris cocus,
> Cocus tout plains de cornes,
> Vous amassez beaucoup d'escus !

C'était sur le chant de *Chalumes la Mulotte*. Ah ! si quelque citoyen bien intentionné pouvait nous apporter cet air ! ce serait un vrai jour de fête ; mais il n'y faut pas songer, nous n'entendrons jamais *Chalumes la Mulotte!* De toute façon on reconnaît là le premier patron de la belle boulangère. En 1724, on trouve dans les *Rondes et chansons à danser,* publiées par Ballard, la *Boulangère*. Malheureusement les paroles sont renouvelées et n'ont plus aucun rapport avec les anciennes.

> Si vous avez un amant,
> Voulez-vous qu'il soit fidèle,
> Regardez-le tendrement;
> Mais s'il voulait aller plus avant,
> Paroissez-luy cruelle.

Quant à l'air, c'est bien l'origine de celui qu'on chante encore aujourd'hui et que nous venons de donner, avec quelques petites différences, la coupe des vers n'étant pas exactement celle qui nous est restée : l'air d'aujourd'hui a moins de raideur que celui de 1724, qui, à cette époque, pouvait bien déjà être âgé d'un petit siècle ou plus. Ce n'était cependant pas *Chalumes la*

Mulotte, car les paroles de 1612 données plus haut ne pourraient pas s'ajuster à l'air publié par Ballard dans les *Rondes et chansons à danser*.

Dans les chansons populaires allemandes du dix-huitième et du dix-neuvième siècles la tonalité est mieux caractérisée : le peuple, dans ces pays d'outre-Rhin chante presque toujours à deux voix, en se servant des sons naturels du cor :

Le mot à mot serait : toi, toi, tu es couchée dans mon cœur, toi, toi, tu es couchée dans ma pensée. »

Malgré la diffusion des orphéons, en France les harmonies du peuple ne sont pas encore très satisfaisantes, elles laissent même beaucoup à désirer.

ÉPILOGUE.

Si dans la composition musicale, œuvre d'imagination, de fantaisie, il est des formules mélodiques et harmoniques qui appartiennent à tout le monde, parce qu'on n'en saurait désigner l'inventeur, la chanson populaire a de même ses tournures de phrases favorites, ses expressions préférées, pour les paroles comme pour la musique.

La triade fatidique, formule de la plus haute antiquité (1),

---

(1) La triade se rencontre à chaque pas dans la théogonie païenne : le *Trépied sacré* ; *Tricéphale*, surnom de Mercure ; les *Trictyes*, fêtes consacrées à Mars ; *Trimurti, Trit-*

reparaît à chaque instant : ce sont trois princes, trois capitaines, trois filles de roi, trois rosiers, et pour donner une citation plus complète entre mille :

> J'ai descendu dans mon jardin
> Pour y cueillir du romarin,
> Je n'en avais pas cueilli trois brins
> Qu'un rossignol vint sur ma main ;
> Il me dit trois mots en latin, etc.

Le christianisme lui-même n'a pu éviter la triade : ce sont trois rois d'Orient qui viennent à la crèche, ils offrent à l'enfant Jésus de l'or, de l'encens et de la myrrhe, toujours la triade ; le peuple de son côté chante :

> Noël, noël, noël !
> Disons trois fois noël !

Des écrivains pieux ont donné comme origine la sainte Trinité, mais la triade païenne a précédé la venue du Christ, elle se perd dans la nuit des temps fabuleux.

La chanson populaire, au point de vue de l'unité des paroles et de la musique a un avantage incontestable sur la chanson du compositeur, qui met en musique les paroles d'un poète, parce que la première enfante les deux parties constituantes en même temps : paroles et musique sortent du même moule, sont écloses ensemble comme deux frères jumeaux (1). Il est vrai que chez le musicien de talent la dissemblance avec les paroles ne se fait pas sentir, il y a unification, souvent même l'inspiration du musicien a en quelque sorte poétisé la poésie. Mais quand, au

---

vam, trinité des Indiens ; les trois Parques ; *Trismégiste*, trois fois grand ou Hermès, le conseiller d'Osiris, etc.

(1) Ces mélodies sont évidemment nées avec les paroles, d'une seule et même inspiration. Elles se confondent si bien entre elles, les deux forment une si parfaite unité, qu'on ne peut les séparer une fois qu'on les a entendues ensemble. (Schuré, *Histoire du Lied en Allemagne*, 1868, p. 80.)

contraire, le parolier ajuste ses hémistiches sur la musique, il en résulte rarement un chef-d'œuvre.

Nous avons parlé des *parodies* en plusieurs endroits de notre étude, sans pouvoir énumérer les faces multiples de ce genre, ce qui d'ailleurs n'aurait pas eu un grand intérêt. Un des ouvrages les plus complets comme parodie est un traité qui porte ce titre affriolant : *Festin joyeux ou la cuisine en musique* (par J. Lebas) 1738 (1). Cet artiste en son métier avait eu l'honneur de cuisiner pour le roi Louis XV lors de son couronnement, aussi n'a-t-il pas manqué de dédier son livre *aux Dames de la cour ;* en voici un spécimen :

Godiveau de poisson (sur l'air de la Sissonne) (2).

---

(1) Ce livre est plein de fines attentions, de spirituelles insinuations de cuisinier comme : Le Coulis à la Reine, sur l'air : *Si ton cœur, belle Iris, commence à s'enflammer.* — Pigeonneaux innocents aux écrevisses, sur l'air : *Petits moutons qui dans la plaine.* — Noix de veau en fricandeau glacé, sur : *Beautés plus friandes qu'un chat.* — Perdreaux sauce à l'espagnole, sur : *Petits oiseaux, rassurez-vous.* — Pieds de cochon à la sainte Menehould, sur l'air des *Pendus.* — Hure de porc gras en balon, sur : *Heureux amant.* Cochon de lait en galantine, sur : *Marianne était coquette.* — Crême veloutée, *Quand le péril est agréable,* etc.

(2) L'auteur de cet air s'appelait Sisson, c'était un maître à danser.

Beur-re tout nouveau, E _ pi _ ces comme il faut.

 Qu'on le couvre et le mette
 Bien cuire au four pour le mieux,
 Étant cuit on y jette
 Et verjus et jaunes d'œufs ;
 Même il est exquis
 D'y joindre un coulis
 D'écreviss' encor
 Qui vous plaira fort,
 Et servez tout d'abord.

Ce n'est que vers la fin du siècle dernier que Herder fixa l'attention des écrivains allemands sur la chanson populaire (1). En France il y a tout au plus cinquante ans que M. de la Villemarqué, puis Dumersan publièrent leurs premiers recueils de chansons du peuple.

Les *Instructions relatives aux poésies populaires de la France*, rédigées par M. Ampère, imprimées en 1853, ont pu avoir leur part d'influence sur l'apparition d'un certain nombre de recueils parus depuis cette époque, quoique la commission nommée en 1852 par le ministre de l'instruction publique n'ait guère laissé de traces : ces documents sur la chanson populaire ont revu le jour à la Bibliothèque nationale, il y a trois ou quatre ans ; on les a fait relier en six gros volumes.

Depuis 1830, et surtout de nos jours, la chanson des villes a subi une transformation regrettable : ces anciens airs naïfs traités de vieux *flonflons* (2), ont été remplacés par *Drinn drinn*,

---

(1) En parlant des chansons populaires françaises, Herder paraît n'avoir eu à sa disposition que l'*Anthologie* de Monet, qu'il appelle Monier ; cet ouvrage ne renferme rien d'authentique comme pièces, et même il ne contient aucune chanson populaire ; si bien que Herder cite précisément une *Chanson de Thibaut de Champagne*, pièce apocryphe de Moncrif. Il n'est pas nécessaire d'être un philologue français bien raffiné pour donner une date à cette chanson. (Voir Herder : *Stimmen der Völker in Liedern*, les Voix des peuples en chansons.)

(2) Ce qu'on a appelé communément des flonflons, les *landerira*, les *turelure*, *fari-*

la Vénus aux carottes, C'est dans l'nez qu'ça me chatouille, l'Amant d'Amanda, et tant d'autres chefs-d'œuvre qui, malgré leur grand succès, sont morts à tout jamais, tandis que nos anciens refrains populaires ont traversé des siècles.

Dans le courant du dix-huitième siècle, et encore au commencement de celui-ci, quand un air de danse, gavotte, menuet, sarabande, etc. avait le don de plaire, on le *parodiait*, c'est-à-dire qu'on y ajoutait des paroles, c'était un regain de popularité. Aujourd'hui qu'un air est une propriété, ce genre a disparu, et on ne parodie plus que des airs populaires étrangers, comme on a pu le voir dans le chapitre de *la Chanson au théâtre*.

Nous ne cesserons de nous élever contre les recueils de chansons populaires publiés sans les airs. Adrien de la Fage a dit : « Sans la musique la chanson n'est plus. » Ces pauvres versiculets n'ont jamais été destinés à être simplement lus, et encore moins à être déclamés, mais bien à être chantés, puisque ce sont des chansons. Il est vrai que beaucoup de collectionneurs ne sont pas suffisamment musiciens pour noter les airs, dès lors ils sont amenés forcément à n'envisager leurs recueils qu'au point de vue de la linguistique, dont ces pauvres chansons n'ont que faire ; cela remet en mémoire le *Chef-d'œuvre d'un inconnu* de Saint-Hyacinthe, analysant d'une façon comique, au long et au large, toutes les platitudes d'une chanson des plus communes ; cela rappelle mieux encore les paroles de Ronsard qui comprenait

---

dondaine, etc., ont eu leur vogue sous le règne de Louis XV, ce sont des ritournelles instrumentales chantées, mais généralement sous forme d'onomatopée, dont le sens est pris dans la chanson même.

Ce sont surtout nos airs de vaudeville qui ont eu de ces finales ; ces airs-là étaient faits par des compositeurs ; le véritable air populaire a beaucoup moins souvent de ces terminaisons en flonflons. A cela se joint aussi le refrain, qui dans la chanson du peuple s'emploie ou s'employait plus spécialement dans les rondes. Le refrain résume parfois la pensée dominante de la chanson d'autrefois, il renferme une idée nouvelle ou indépendante du reste de la chanson, une espèce de sentence amenée d'une façon originale, et répétée par le chœur. Les chansons avec refrain destiné au chœur, au grand nombre, prouvent par là qu'elles ont été faites pour le peuple.

bien l'intime alliance des paroles et de la musique, quand il nous dit : « Tu feras des vers... tant qu'il te sera possible, pour être plus propres à la musique et accord des instruments, en faveur desquels il semble que la poésie soit née, car la poésie sans les instruments, ou sans la grâce d'une seule ou plusieurs voix n'est nullement agréable, non plus que les instruments sans être animés de la mélodie d'une plaisante voix. »

Ronsard devait connaître les paroles de Platon : « Sans la voix humaine l'emploi des instruments n'est qu'une barbarie. »

FIN

TABLE

DES NOMS ET DES CHOSES.

A

Aaron, 107.
Acorède, 56.
Adam (Adolphe), 155.
Adam Billaut (chanson à boire), 97.
Adam de la Halle, 60.
Ah! mon beau laboureur, 18, 100.
Ah! vous dirai-je maman, 151, 155.
Aime-moi, bergère, 52.
Air arabe (dans le *Désert*), 156.
Air indien (dans Christophe Colomb), 156.
Airs populaires en Allemagne, 158.
A la façon de Barbari, 187.
Alleluias, 5.
A ma main droite (chanson), 187.
Ambros, II, 107.
Ampère, 11, 198.
Animuccia, 118.
Anthologie de Monet, 198.
Arlequin au Muséum, 171.
Au clair de la lune, 82, 155, 206.
Aucousteaux, 139.
Au logis de Cupidon, (chanson), 145.

B

Bacilly, l'Art de bien chanter, 84, 90.
Baini, 117.
Baisse-toi montagne, 18.
Ballard, imprimeurs de musique, XXII, 91, 95, 96.
Ballet de la Reine, 148.
Bardit, chanson guerrière, 159.
Barres de mesure, 205.
Basselin, 92, 146.
Bataille de Marignan, 28.
Bataille de Pavie, 29.
Beaulieu, 190.
Becker (Georges), 131.
Béranger, 191.
Berceuse de la Vierge, 5.

Berceuse d'Ève, 4.
Bergeries, 52, 91.
Bible des Noëls, 123, 129, 130.
Binard, Parisien, 129.
Biquette tu sortiras de ces choux, 185.
Blot, 42.
Boèce, 56, 58.
Böhme, V, VI, 186, 205.
Boileau, 94.
Boire à la santé, 98.
Bottée de Toulmon, 109, 110, 115, 117.
Boulangère (la), 193.
Bourbaki (le général), 173.
Bourbonnaise (la Belle), 50, 51, 53.
Bourgeois, 134.
Brabançonne (la), 163.
Brunettes, ou petits airs tendres, 100.
Busnois, 107.
Busttstedt, 4.

C

Caignet (Denis), 139.
Ça ira, chanté par Ladré, 167.
Cambert, 90.
Campenhout, 163.
Cantates, 91.
Cantatrice grammairienne, 171.
Cantique de Jeanne d'Albret, 155.
Carillon d'Orléans, 27.
Carillon national (le), 167.
Carmagnole (la), 169.
Carpentras (*Elzear Genet*), 115.
Carrure des chansons populaires, 206.
Casquette du père Bugeaud (la), 161.
Cassandre (air de la), 37.
Castil-Blaze, 169.
Catel, 185.
C'est la belle de nos amours (chanson), 183.
C'est la bergère Nanette, 100.

C'est le plaisir, chanson sur un menuet de *Roland*, 96.
Cette Anne si belle, 41.
Chalumes la Mulotte (air perdu), 193.
Changements de mesure dans les chansons, 206.
Chanson d'Adam de la Halle, 60.
Chanson dans les Messes, 107.
Chanson de Roland, 10, 159.
Chanson du temps de Clotaire II, 160.
Chanson forme populaire, xxix.
Chanson populaire s'en va (la), 19.
Chansons à danser, 99-100-101-104.
Chansons à danser en Allemagne, 104.
Chansons allemandes sur la guerre de 1870, 172.
Chansons badines, 7.
Chansons de geste, III.
Chansons de la campagne, 18, 19.
Chansons des Allemands sur les Français, 192, 193, 194.
Chansons pour les voix et les instruments, 16, 72.
Chansons romaines, 5.
Chanson sur Henry V, roi d'Angleterre, 24.
Chanson sur la mort du duc de Guise, 36.
Chanson sur le roi de France et de Navarre, 38.
Chant de la 1re croisade, 9, 160.
Chant du départ, 181.
Chantons, je vous en prie, 124.
Chant sur Eric, par Paulin, 57.
Chaperon (Jehan), 126.
Chappell, popular Music, 159.
Chardavoine (Jehan), xxi, 40, 81, 146.
Charlemagne, 6, 10, 56.
Charles VII, dauphin, 26.
Charles d'Orléans, III.
Charmante Gabrielle, 37.
Charpentier, 95.
Chef-d'œuvre d'un inconnu, 199.
Chorals, 134.
Christophle de Bordeaux, 126.
Clercs de la Basoche, 143.
Clochette (air de la), 41, 148.
Code civil en vers, 171.
Colin prend sa hotte, 101.
Collé, 37.
Colletet (François), 127.
Coloration des notes, 117.
Comédie des chansons, 146.

Comédie des proverbes, 147.
Comédie italienne, 150.
Comment se font les chansons populaires, v.
Commune (la), 174.
Compagnons du Vaudevire, 146.
Concile de Trente, 117.
Conciles (contre les mauvaises chansons), 6.
Conciles et les fêtes païennes, 119.
Concini, maréchal d'Ancre, 43, 46.
Condé (le prince de), 45.
Conditor alme siderum, 129.
Confrères de la Passion, 143.
Confrérie de la Corne, 98.
Confrérie de Saint-Julien, 99.
Constitution en Vaudevilles, 171.
Contredanses révolutionnaires, 170.
Coupes irrégulières dans la chanson, 206.
Coupeur de blé (le), 19.
Couronne et fleur de chansons, 180.
Coussemaker (E. de), 59, 160, 179.
Coyssard (Michel), 140.
Croisades, 9, 11.
Cueillette des chansons populaires, xxx.

D

Dalayrac, 154, 185.
Damase Arbaud, 184.
Dame blanche (la), 155.
Daniel (Jean), 126.
Danse basque, 156.
Danser aux chansons, 99.
Dans ma main droite je tiens rosier, 187.
David (Félicien), 155.
Déchant, 58, 106.
Dedans une plaine, 100.
Définition de la chanson populaire, v.
De La Rue (messe de l'*Homme armé*), 111, 113, 117.
Deschamps (Eustache), 59, 146.
Desportes (Philippe), 139.
Dessus le pont de Nantes (chanson), 191.
Diacre (Paul), 5.
Diane de Poitiers, 135.
Difficultés dans les anciennes messes, 117, 118.
Diminutions, variantes, 84.
D'Ortigue, 188, 189.
Douen, pasteur protestant, 131.
Doulce pucelle (Noël), 126.
Du Caurroy, 38, 122, 123.
Du, du, liegst mir im Herzen du, 195.

TABLE DES NOMS ET DES CHOSES.

Dufay, v, 107, 108.
Du Méril (*Edélestand*), 5.
Du Mersan, I.
Dupont mon ami (chanson), 148.

E

Echelle du Temple (l'), 175, 176, 179.
Ecriteau à chansons, 149.
Eginhard, 159.
Ein feste Burg (un fort inexpugnable), 3, 2.
Ein Schifflein sah ich fahren, 54.
Enfarinés (air des), 45.
Épitres farcies, 105, 118, 120.
Érasme, 119.
Euridice de Peri, 148.
Exécution musicale au 16e siècle, 74.

F

Familles des instruments, 73.
Farces (les), 144.
Faut pas être grand sorcier (chanson), 152.
Favart, 154.
Favart (Mme), 150.
Femme du roulier (la), 18, 19.
Festin joyeux ou la Cuisine en musique, 197.
Fétis, III, 106, 110, 122, 188, 189, 191.
Fille persuadée (la), menuet de Martini, 150.
Flagellants, 9, 22.
Flonflons, 198.
Foires Saint-Germain et Saint-Laurent, 148.
Forkel, II.
Fors seulement, chanson du 16e siècle, 69.
Forster (G.), 70.
Fournier (Ed.), 49.
Franc-archer (le), chanson à 4 voix, 65.
Frère, éditeur de musique, 187.
François Ier, 28, 29, 131, 135.
Frank, 134.

G

Gagnon, 187.
Garnier et Oudot (imprimeurs), 129.
Gasconne (la), 154.
Gasté (A.), 92, 192.
Gaudinette, chanson populaire, 82.
Gaultier Garguille, 144, 145.
Gauthier (François), 129.

Gevaert, XI, 189.
Gillier, 149.
Girey-Dupré, 166.
Girondins (les), 166.
Gluck (*la Rencontre imprévue*), 97.
Gobert (Thomas), 139.
Godeau, ses psaumes, 139.
Godiveau de poisson, 197.
God save the King, 161.
Goethe, 14.
Gossec, 185.
Goudimel, 134, 136, 137.
Gras tondus (les), 32.
Grison de Saint-Omer, 162.
Guédron, 41, 93.
Guéridon, 43.

H

Habanera, dans Carmen, 156.
Halévy, 172.
Harmonice musices Odhecaton, de Petrucci, 63.
Haydn (Joseph), 162, 163.
Hélas! je l'ai perdue, 128.
Henri II, 135.
Henri IV, 40.
Herder, 1, 2, 142, 198.
Hildegaire, 160.
Homme armé (l'), chanson à 4 voix de Josquin de Près, 70.
— attribué à Busnois, 107.
— diverses notations, 108, 109, 110.
Hôtel de Bourgogne (l'), 144.
Hymne populaire autrichien, 163.
Hymne russe, 164.
Hymnes et chants de la 1re révolution, 164.
Hymnes, leur origine, 85.

I

Il pleut, bergère, 154.
Inès de La Motte, 152.
Iutendio, 11.

J

Jacques Lefebvre, 201.
J'ai descendu dans mon jardin, 196.
Jannequin (Clément), 28, 148.
J'aymeray mon amy (chanson), 192.
Je me mariay lundy (le petit homme), 102.

204 — LA CHANSON POPULAIRE.

Je m'en allay à Bagnolet (chanson), 144.
Je suis le fameux Mignolet, 177, 178.
Jeux de la Fête-Dieu d'Aix, 121.
Je veux le mien amy (chanson), 180.
Job, 4.
Joconde (air de), 47.
Jolie fille de La Garde (la), 182.
Jongleurs, 12.
Jornandès, 5.
Josquin Després, xxx, 107, 109, 110, 113, 115, 116, 180.
Joueurs d'instruments, 12.

K

Kiesewetter, 133.
Klopstock, 162.
Kohlros, 132.
Kyrie allemand de Luther, 132.
Kyriolés et kyrielle, 141.

L

La Balue, 27.
La Barre, sarabande avec clavecin, 85.
Là-bas dans cette tour (chanson), 181.
La belle se sied (chanson), 179.
Lætabundus, 32.
La Fage, 3, 106, 118.
Lambert, 90.
Lambert, prieur de Saint-Wast, 121.
La Monnoye, 129, 177.
La Palisse, 29.
Lardenois, 130.
Las! il n'a nul mal (chanson), 179, 181.
Lebœuf (l'abbé), 121.
Lecerf de la Vieville, 98.
Lecture à première vue des messes du 16ᵉ siècle, 117.
Leczinska (la princesse), 50.
Lefebvre (Jacques), 181.
Légendes populaires, 199.
Le Houx (Jean), 92, 129.
Lejeune (Claude), 136, 138.
Le Jolis, 190.
Lesueur, oratorio de Noël, 130.
Loquin (Anatole), 126.
Louis XI, 27.
Louis XIII, 43, 44.
Louis XV, 50, 197.
Louis-Philippe, 53.
Lucile, de Grétry, 52.
Lully (air sur), 48.
Lully, *Amour, que veux-tu de moi*, 90.
Lully, 91, 94, 96, 128, 148, 153, 158, 175.

Luther, 15, 131, 132, 133.
Lvoff (Alexis), 164.

M

Magnin, 176, 177.
Mailliet, 49.
Maître de danse, 170.
Maître Guillaume, 49.
Malbrough, 16, 34, 53, 154.
Malherbe, 14.
Marche de Turenne, 157.
Margoton va à l'iau, 101.
Marie Stuart, 31.
Marseillaise (la), 162, 164.
Martin, le chanteur, 155.
Maurepas, 43.
Mazarin, 42, 49, 92.
Mazarinades, 45, 46, 47.
Médecin malgré lui, chansons à boire, 94, 95.
Méhul, 184, 185.
Meistersänger, 13.
Mélange des rythmes, 206.
Mère Sotte (la), 143.
Messe allemande de Luther, 132.
Messes sur des chansons populaires, 115.
Meusnier de Querlon, 32.
Mignolet, 176, 177.
Minnesinger, 11, 12.
Mirlitons (les), 152.
Mithou (maître), 126.
Modes grecs dans les airs bretons, 210.
Molière, 94.
Mondor, 49.
Mon père veut me marier, 100.
Monsieur le Prévost des marchands, 176.
Monteverde, 189, 192.
Moskowa (le prince de la), 125.
Motets, 59.
Moussaye (M. de la), 45.
Museum en vaudevilles, 191.
Musiciens du seizième siècle, 80.
Musique grecque, 4, 55, 56.
Mystère de Daniel, 9.
Mystères, 6, 8, 143.

N

Napoléon Iᵉʳ, 53, 171, 172.
Napoléon III, 54, 172.
Neumes, 9, 15.
Noël (son origine), 121.
Noël de Christophle de Bordeaux, 126.
Noëls, 15.

TABLE DES NOMS ET DES CHOSES.

Noëls de cour, xxi, 42.
Nomes, 3.
Note sensible, 189, 191.

O

Obrecht (messe de l'*Homme armé*) 112.
Offenbach, 97.
O nuit, jalouse nuit, de Desportes, 81.
Opéra-comique, 149, 150.
Opéras de Faust, de Mignon, 158.
Orchésographie de Thoinot Arbeau, xxi, 145.
Organum d'Hucbald, 58.
Orlando de Lassus, xxx, 74, 94, 116, 180.
Or nous dites, Marie, 125.
Où peut-on être mieux, 53.

P

Palestrina, 112, 113, 117.
Paris (Gaston), 192.
Parisienne (la), 53, 54, 172.
Parodie, 150, 197.
Parodier ou parolier, 90, 199.
Partant pour la Syrie, 54.
Pasquier (Et.), 122.
Pellegrin (l'abbé), 128.
Pernette (la), 184.
Petite camusette, 135.
Petrucci, *Harmonice musices odhecaton*, vii, 65, 135.
Philomèle séraphique (la), 140.
Pieuse Alouette (la), 140.
Piron (Aimé), 129.
Pichon (M. le baron), 123.
Plain-chant (le), 56.
Platon, 200.
Poise, 157.
Pois pilés, 143.
Pont-Neuf (Chanteurs du), 48, 49.
Popularités du théâtre, 157.
Porée (Michel), 129.
Prætorius, Syntagma musicum, 73.
Prégent (l'amiral), 25.
Prévost des marchands (Air du), 197.
Prose de l'âne, 119.
Psaumes de Clément Marot, 131, 134, 135, 139.
Puits qui monte (le), 4.

Q

Quand Dieu naquit à Noël, 127.
Quand j'étois chez mon père (Verduron), 101.

Quand la mer Rouge apparut, chanson, 96, 127.
Que Noé fut un patriarche digne! vaudevire, 93.

R

Raillard (l'abbé), 9.
Rakotzy ou Rakoczy, 161.
Rameau, 154.
Rebec, 99.
Recueil Maurepas, xxi.
Réforme, 16.
Refrain (le), 198.
Renaud d'Ast, 154, 166.
Rhin allemand (le), 172.
Richelieu, 43, 44.
Rites figurés, 6.
Rochellois (air des), 176.
Roi de Navarre (le), 135.
Roi des violons (le), 99.
Roi d'Yvetot (le), 152.
Ronsard, 200.
Rossignols spirituels (les), 140.
Rothschild (James de), 133.
Rouget de Lisle, 102, 166.

S

Saboly, 129.
Sacrifice d'Abraham (tragédie), 133.
Saint-Cyr, 128.
Saint-Julien des Ménétriers, 14.
Satire Ménippée, 34.
Savoyard (le), 49.
Savoyarde (la), par Favart, 154.
Schuré, 142, 196.
Scribe, 154.
Seigneur, je n'ai point le cœur fier (Psaume), 137, 138.
Siège de Pontoise, 26.
Sissonne (la), 197.
Soirée orageuse (la), 154.
Summer is icumen (à 6 parties), 61.
Sur le pont d'Avignon, 64.
Surprise de l'amour, de M. Poise, 157.

T

Tabarin, 49.
Tablature de luth, 84.
Tableaux du Muséum en vaudevilles, 171.
Tacite, 5.
Taillefer, 10.
Talvi, 141.
Tappert (M.), vi, 163, 186.

Ténor, Teneur, 63, 105, 136.
Tentation de saint Antoine, 153.
Théâtre de la Foire, 153.
Théâtre Feydeau, Théâtre Favart, 151.
Théodore de Bèze, 133.
Thibaut de Champagne, 12..
Thomas (Ambroise), 157.
Timbre, iv.
Tinctor, 108.
Tonalités grecques en Bretagne, 190.
Tonalités mineures (les) priment les majeures, 193.
Toréador (le), d'Ad. Adam, 155.
Tornatoris (Michel), 124.
Transmission des chansons, 17.
Triade (la) dans l'antiquité, 195.
Tricolore (le), 192.
Tricotets (l'air des), 36.
Triolets (airs des), 46.
Troqueurs (les) de Dauvergne, 151.
Troubadours, 40.
Turenne (maréchal de), 48.
Turlurette (chanson), 188.

V

Valagre (de) et de Maizonfleur, 140.
Vanneo (sur la note sensible), 190.

Varney, 166.
Va-t'en voir s'ils viennent, Jean, 155.
Vauderoute, 145.
Vaudeville, 16, 92, 145, 146, 149, 158.
Vaudevires, 92, 93, 146.
Veillons au salut de l'empire, 154, 166.
Vélocifère grammatical, 171.
Verthamont (le cocher de), 49.
Vigne Vignolet, chanson d'Orlando de Lassus, 75.
Villemarqué (De la), 1, 198.
Vin des Gaulois et la danse de l'épée, 160
Viollet-Le-Duc, 130.
Virdung (Seb.), 73.
Vive Henri quatre, 37, 126, 186.
Voitures versées (les), 155.
Voix de ville de Chardavoine, 40, 81.
Votre jeu fait ici grand bruit, 177.
Vous qui d'amoureuse aventure, 154.

W

Wackernagel (Ph.), 133.
Wolff (le docteur O. L. B.), ii.

Z

Zacconi, 117.

FIN DE LA TABLE DES NOMS ET DES CHOSES.

TABLE
DES DIVISIONS DU VOLUME.

	Pages.
Préface．	I
Bibliographie chansonnière	XXIII
Chapitre I. — Coup d'œil général sur la chanson	1
Chapitre II. — La chanson dans l'histoire	22
Chapitre III. — La chanson musicale. — Madrigaux ou chansons à plusieurs voix	55
Les chansons à boire	92
Les chansons à danser	99
Chapitre IV. — Les messes sur des thèmes populaires	105
Chapitre V. — La chanson à l'église, épîtres farcies	119
Noëls	121
Psaumes et cantiques	131
Chapitre VI. — La chanson au théâtre. — Mystères, farces, vaudevilles	143
Chapitre VII. — Chants guerriers, nationaux et patriotiques	159
La Révolution	164
Chapitre VIII. — Transformations de la chanson populaire	175
Rythme	185
Tonalité	188
Épilogue	195
Table des noms et des choses	201

À LA MÊME LIBRAIRIE

Charpentier (A.). *Méthode de piano*. 1 vol. [illegible] 12 fr.
— Cart. [illegible] 15 fr.

Chouquet (Gu.). *Le Musée du Conservatoire national de musique*, catalogue [illegible] des instruments de cette collection. Nouvelle édition ornée de figures. 1 vol. petit in-8. 5 fr.

Deldevez, chef d'orchestre de l'Opéra de Paris. *Curiosités* [illegible] notes, analyses, interprétation de [illegible] contenues dans les œuvres des [illegible] 1 vol. in-8 [illegible]

— *L'Art du chef d'orchestre*. [illegible]

Fétis (F.-J.). *Biographie universelle des musiciens* [illegible] 8 volumes in-8 [illegible]

— *Supplément à la Biographie* [illegible] 2 vol. [illegible]

— *Histoire générale de la musique depuis les temps* [illegible] jusqu'à nos jours [illegible] 5 vol. gr. in-8 [illegible]
Chaque volume se vend séparément [illegible]

[illegible] 12 fr.

TYPOGRAPHIE FIRMIN-DIDOT. — MESNIL (EURE).

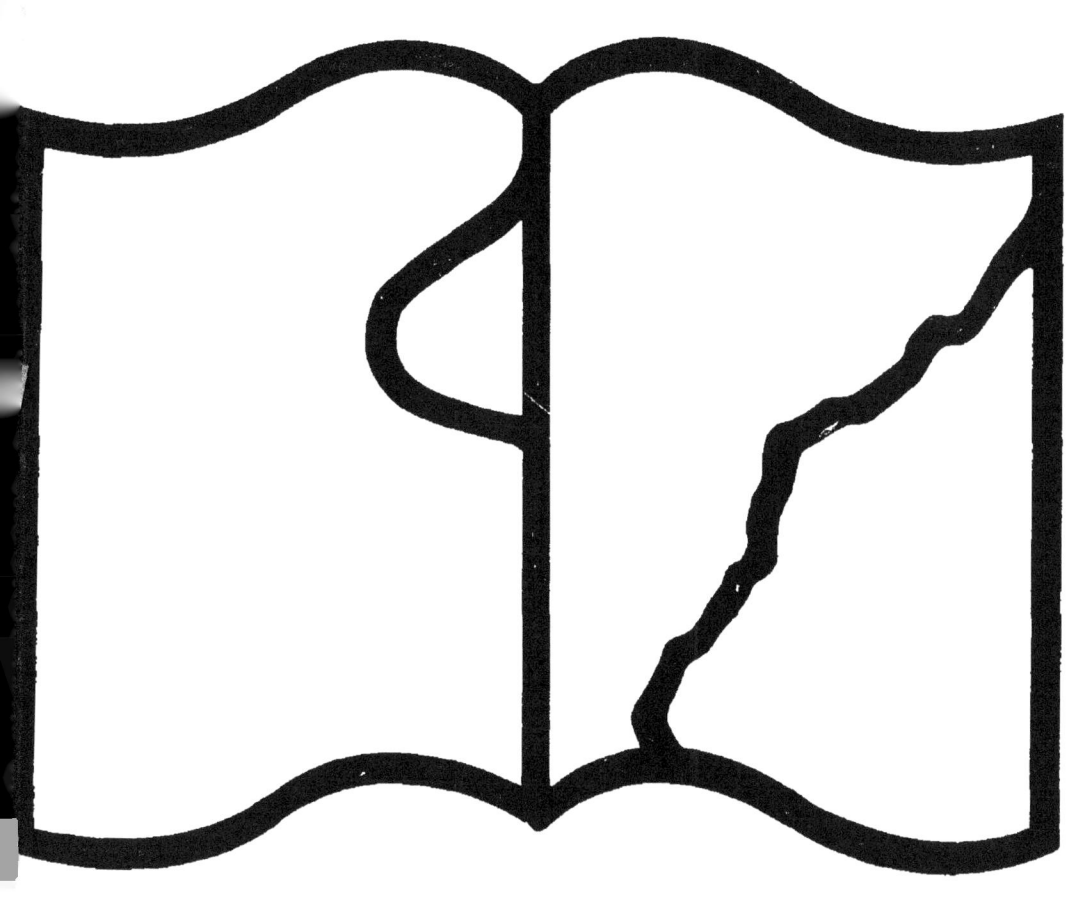

Texte détérioré — reliure défectueuse

NF Z 43-120-11

www.ingramcontent.com/pod-product-compliance
Lightning Source LLC
Chambersburg PA
CBHW060133170426
43198CB00010B/1138